会社別就活ハンドブックシリーズ

2025

三菱地所の
就活ハンドブック

就職活動研究会 編
JOB HUNTING BOOK

はじめに

　2021年春の採用から，1953年以来続いてきた，経団連（日本経済団体連合会）の加盟企業を中心にした「就活に関するさまざまな規定事項」の規定が，事実上廃止されました。それまで卒業・修了年度に入る直前の3月以降になり，面接などの選考は6月であったものが，学生と企業の双方が活動を本格化させる時期が大幅にはやまることになりました。この動きは2022年春そして2023年春へと続いております。

　また新型コロナウイルス感染者の増加を受け，新卒採用の活動に対してオンラインによる説明会や選考を導入した企業が急速に増加しました。採用環境が大きく変化したことにより，どのような場面でも対応できる柔軟性，また非接触による仕事の増加により，傾聴力というものが新たに求められるようになりました。

　『会社別就職ハンドブックシリーズ』は，いわゆる「就活生向け人気企業ランキング」を中心に，当社が独自にセレクトした上場している一流・優良企業の就活対策本です。面接で聞かれた質問にはじまり，業界の最新情報，さらには上場企業の株主向け公開情報である有価証券報告書の分析など，企業の多角的な判断・研究材料をふんだんに盛り込みました。加えて，地方の優良といわれている企業もラインナップしています。

　思い込みや憧れだけをもってやみくもに受けるのではなく，必要な情報を収集し，冷静に対象企業を分析し，エントリーシート作成やそれに続く面接試験に臨んでいただければと思います。本書が，その一助となれば幸いです。

　この本を手に取られた方が，志望企業の内定を得て，輝かしい社会人生活のスタートを切っていただけるよう，心より祈念いたします。

就職活動研究会

Contents

第1章

三菱地所の会社概況

会社によって選考方法は千差万別。面接で問われる内容や採用スケジュールもバラバラだ。採用試験ひとつとってみても，その会社の社風が表れていると言っていいだろう。ここでは募集要項や面接内容について過去の事例を収録している。

また，志望する会社を数字の面からも多角的に研究することを心がけたい。

✔ 行動憲章

■三菱地所グループ基本使命

私たちはまちづくりを通じて社会に貢献します

私たちは，住み・働き・憩う方々に満足いただける，地球環境にも配慮した魅力あふれるまちづくりを通じて，真に価値ある社会の実現に貢献します。

■三菱地所グループ行動憲章

私たちは，基本使命を実践するために以下の通り宣言し，実行します

1．私たちは誠実に行動します

法と倫理に基づいて活動し，常に自らの行動を謙虚に振り返り，社会とのコミュニケーションを大切にすることで，公正，透明で信頼を第一とした企業活動を行います。

2．私たちはお客さまからの信頼を得られるよう努めます

お客さまの立場で考え，安全でより良い商品・サービスを提供するとともに，情報を適切に開示します。

3．私たちは活力のある職場づくりに努めます

自らの成長をめざし，個々の人権や多様な考え方を尊重し，創造性・専門性を高めながらチームとして総合力を発揮します。

✔ 会社データ

設立	1937年5月7日
資本金	142,414,266,891円
営業種目	オフィスビル・商業施設等の開発、賃貸、管理 収益用不動産の開発・資産運用 住宅用地・工業用地等の開発、販売 余暇施設等の運営 不動産の売買、仲介、コンサルティング
従業員数	1,013名　連結：10,655名
本社情報	東京都千代田区大手町1-1-1 大手町パークビル （〒100-8133） TEL：(03) 3287-5100

✔ 仕事内容

ビル事業（コマーシャル不動産事業）

東京を中心に国内主要都市でオフィスビルの開発と運営管理を行う主力事業です。保有型事業と回転型事業のバランスの取れた資産ポートフォリオを構築しつつ、魅力的なまちづくりを推進しています。

商業施設・物流事業（コマーシャル不動産事業）

商業施設事業では、日本全国で様々なタイプの商業施設を開発しており、施設企画、開発、テナントリーシング、開業後の運営まで、当社が継続的に関与する一貫体制で事業を展開しています。

物流施設事業は、オフィス、住宅、商業施設に次ぐ事業の柱の一つと捉えて積極展開を図るべく、全国で進出を進めています。

住宅事業

マンション・戸建て住宅・宅地の開発、分譲、賃貸、管理を行っています。人々のライフスタイルの多様化と中古住宅流通の拡大に合わせ、リノベーション事業も強化しています。

海外事業

1970 年代から海外事業に取り組み、米国、英国での不動産賃貸・開発事業を行ってきました。近年は成長著しいアジアにおいても、積極的に不動産事業を展開しています。

投資マネジメント事業

不動産での資産運用を求める投資家に対して、長期安定的な運用ニーズに対応する REIT(不動産投資信託) から、機関投資家の特定運用ニーズに対応する私募ファンドまで、専門的なノウハウをもとに提供。今後は日・米・欧・亜の4 拠点の連携による、不動産投資のサポート体制の強化や外部投資家と自己資金を合わせた投資など、幅広いサービスを進めていきます。

設計監理事業

設計監理事業明治の創業以来 120 年の歴史の中で培った知見とデザインセンス、最先端の技術を活用し、総合設計事務所として、建築・土木設計、都市・地域開発計画、コンサルティングを通じて社会の要請に応えています。

ホテル・空港事業（コマーシャル不動産事業）

昨今の旺盛な宿泊需要を背景に、ホテルマーケット動向や立地特性に応じた幅広いカテゴリーのホテル開発と、「ロイヤルパークホテルズ」ブランドによるホテル運営事業を全国で行っています。また、空港運営事業では、既に民間運営を開始した空港の価値向上を推進しつつ、新たな事業機会獲得に向けた取り組みを進めています。

不動産サービス事業

不動産の仲介・コンサルティングから、マンション・オフィスビルの賃貸経営サポート、コインパーキングの運営まで、法人・個人向けサービスを幅広く提供しています。

✔ 先輩社員の声

【生活産業不動産事業／ 2010 年入社】
私の仕事

私が所属する部門の名称にある「生活産業不動産」は，ビルと住宅を除くあらゆる不動産のこと。私が所属する部署は，事業グループ全般の戦略の立案，予算管理，関連グループ会社のサポートなど多様な業務に携わっています。

第一線のビジネスを支える，いわゆるラインスタッフ的なポジションです。けれども，視野に入れなければならない範囲が広く，事業もたえず変化するために，チャレンジすべき新しい仕事が多い。今年度は組織改正に伴い事業セグメントの仕分けが変更となったため，予算管理などの仕組みを再構築しました。

また，過去には高度なスキームを用いた大型物件の売買にも関わりました。

もちろん，事業全体に及ぶ戦略立案も重要なミッション。日々の仕事においても，三菱地所としての方向性を踏まえた大局的な視点を常に意識しています。業務チームの中では若手社員と連携した業務推進が必要なポジションにあり，若手社員の育成も私が担う大切な役割ですね。

全力で走り続けた 5 年間の日々。 そして決断を

じつは私は，三菱地所に 2 回入社しているのです。最初は新卒として入社した 2003 年。商業施設を担当する部門に配属されました。当時は，丸ビルが開業した直後で当社の商業施設事業が本格的に花開き始めた時期。そんな熱気のなか，企画開発からテナントリーシング，開業までひと通りの業務を学ぶことができました。

その後，商業施設専業のデベロッパーに出向。施設の運営管理に携わり，テナントのスタッフやお客様と直に接して生の声を聞くという貴重な経験を得ました。続いて商業施設の営業部門に異動し，銀座マロニエゲート，丸の内仲通り，ブリックスクエアなどのテナントリーシングを担当。ハイブランドの担当者などと交渉する機会も多く，ここでも大きく成長できたと思います。

とても充実した日々でした。ところが，私はいつでも全力で走り続けなければ気が済まない性格。いろいろ悩み考えて，ここで一度立ち止まることを決断したのです。入社 5 年目，2007 年のこと。そして 2 年後に再び三菱地所に入社することになります。

自分にとって オンリーワンの価値がある場所

仕事を離れるのとほぼ同時に子どもを授かったこともあって，しばらくは家庭に専念していました。けれども，すぐにまた新しいことに取り組んでみたいと気持ちが膨らんできました。そこで以前から関心のあった勉強や仕事にチャレンジしたのですが，どれも達成感を得ることができない。やがて気づきました。自分にはまだやり残している仕事があるということが……。そして再度入社試験を受けて，復帰することになったのです。こんな自分を受け止めてくれて，三菱地所はとても懐が深い会社だと感じています。

以前は「いつか自分だけにしかできない仕事をしよう」と一生懸命でした。しかし，いまは私にとってのオンリーワンは「自分」なのではなく「場所」なのだと思っています。私が心から仕事に取り組めるオンリーワンの価値がある場所が三菱地所なのですね。街のあり方を変えていこうというデベロッパーの仕事にはとても大きなパワーが必要です。ひとりで成し遂げられることなんてわずかです。それよりもいまは，多くの仲間たちとともに同じ目標に向かっていく楽しさを実感しています。

募集職種	＜総合職＞ 主として複雑で高度な判断を要する業務に従事し、国内外全ての事業所に勤務し得ることになります。将来的には経営幹部層として、広範かつ高度なマネジメント業務・専門業務を担うことが期待されています。
職務内容	●オフィスビル・商業施設等の開発企画、賃貸、運営管理、エリアマネジメント ●マンション等住宅の開発企画、賃貸、分譲 ●物流施設の開発企画、賃貸 ●空港ターミナルの運営 ●証券化スキームを活用した不動産開発及び売買 ●クライアントに対するソリューション営業 ●経営企画・経理・人事等の一般管理　など
募集対象	●2024年3月までの間に四年制大学・大学院を卒業・修了見込みの方 ●全大学・学部・学科対象（短大・準学士、現在就業中の方は対象外です※1） ●当社役員、社員の子女、兄弟姉妹でない方 ※1 海外への留学、海外からの留学時のギャップイヤーを考慮し、大学・大学院入学前に1年未満の就業経験を有する方は対象とします
初任給	学部卒：260,000円（2023年4月入社実績） 院　卒：300,000円（2023年4月入社実績）
諸手当	家族手当，住宅補助費，通勤費全額支給
昇給・賞与	昇給：年1回（4月） 賞与：年2回（6月，12月）
休日	土・日曜日、祝日、年末年始休暇、有給休暇（10日〜20日）、夏季休暇、 慶弔休暇、リフレッシュ休暇（5年目、10年目等）など
勤務時間	フレックスタイム制 ※1日の標準となる勤務時間　9:15〜17:45

勤務地	国内／札幌、仙台、横浜、東京、名古屋、大阪、広島、福岡　など 国外／ニューヨーク、ロンドン、シンガポール、上海、台湾、タイ、ベトナム、インドネシア、オーストラリアなど
福利厚生・ 社内制度	社宅・寮／独身社宅、転勤者用社宅、転勤帰任者用社宅 諸制度／住宅取得援助、企業年金、社員持株会、共済会、再雇用制度、社内預金、各種社会保険、ベビーシッター費用助成　など
教育制度	新入社員研修、資格取得支援、選択型研修、語学研修、階層別・役職別研修、外部プログラム派遣制度、社費留学制度、海外トレーニー制度

✔ 採用の流れ (出典：東洋経済新報社『就職四季報』)

エントリーの時期	【総】3〜4月			
採用プロセス	【総】ES提出（3月〜）→選考（面接2〜3回，6月〜）→内々定（6月〜）			

採用実績数		大卒男	大卒女	修士男	修士女
	2022年	18 (文：18 理：0)	13 (文：11 理：2)	9 (文：2 理：7)	2 (文：1 理：1)
	2023年	20 (文：19 理：1)	15 (文：14 理：1)	17 (文：1 理：16)	4 (文：0 理：4)

✔2023年の重要ニュース (出典：日本経済新聞)

■三菱地所、名古屋・栄にサウナや飲食施設　10月に開業 (3/29)

　三菱地所は名古屋市中心部の栄に飲食店やサウナ、フィットネス施設が入る地上3階建ての商業ビルを開発する。久屋大通に面した市の施設「教育館」跡の市有地、約1600平方メートルに6月着工して10月の開業を目指す。2028年3月まで暫定的に利用し、名古屋市はその後周辺のビルと一体開発したい考え。

　エステ、テラスでバーベキューができる飲食店などを備える。最上階は屋上を活用した「ルーフトップバー」をつくる計画だ。敷地の中心部には約700平方メートルの広場を設ける。北側の本重町通と久屋大通に面した場所にそれぞれ出入り口を設ける。

■三菱地所、産後ケアに参入へ　都心宿泊型で共働き支援 (6/18)

　三菱地所は出産後の女性の心身をサポートする「産後ケア」関連事業に参入する。子会社のホテルで専門スタッフが乳児を預かり母親が睡眠をとれるサービスを開始した。2033年度ごろまでに、都心部を中心に産後ケア向けの宿泊施設を300～400室設ける。

　子会社が運営する「ロイヤルパークホテル」（東京・中央）で2室を確保。「妊活」や働き方の支援サービスを手掛けるメデタ（東京・中央）と組んで、乳児と母親、家族が宿泊できるサービスを6月に始めた。

　助産師や看護師など専門のスタッフが別室で乳児を預かり、母親が十分な睡眠をとれるようにする。生後4カ月までの乳児を対象に2泊3日～6泊7日のプランを用意する。

　ロイヤルパークホテルでの取り組み結果をもとに、年内にも本格的に産後ケア事業に参入する。本格参入後のサービス内容は今後詰める。料金は1泊当たり5万～10万円程度の類似のサービスと同水準を想定する。

　共働きや親の介護といった理由で、実家に育児を頼めないケースが増えている。男性の育児参加も進む一方、「自宅ではパートナーが子どもの面倒を見ていても、泣き声が聞こえるだけで母親は眠れず休めない」（三菱地所の担当者）。三菱地所はオフィスが集中する都心部で、産後ケア向けの宿泊サービスの需要が今後高まるとみている。

　公的な宿泊型の産後ケア施設は運営する自治体の多くが家庭環境などに応じた

利用要件を設けてきた。国が利用要件の撤廃に乗り出したが、受け入れ体制に限界がある。民間の宿泊型施設も増えているが地方に立地するものが多く、第2子以降の出産時に利用するのが難しい。三菱地所は既存ホテルの活用に加えて、専用施設の設置も検討する。

米調査会社リポートオーシャンによると、産後ケア製品の世界市場は20年時点で約20億ドルを上回り、27年まで年平均成長率が6.4%以上で推移する。伊藤忠商事が女性社員の合計特殊出生率の推移を公表するなど、働き方改革の一環で育児支援に力を入れる企業も増えている。三菱地所は企業と法人契約を結び、福利厚生の一環でサービスを提供してもらうといった利用も想定する。

■三菱地所、物流施設に5000億円　EV・24年問題で新供給網（11/30）

三菱地所は今後10年で物流施設の開発に5000億円を投じる。発火リスクのある電気自動車（EV）向け電池の保管需要や、運転手の残業規制が強化される「2024年問題」など、新たなサプライチェーン（供給網）の課題に対応した設備を設ける。同社の物流施設の投資額は過去10年に比べ3.5倍に増える見通しで、新供給網への投資が加速してきた。

神奈川県座間市で、三菱地所では過去最大級となる延べ床面積17万8700平方メートルの物流施設を近く稼働させる。消防法上、電解液が「危険物」にあたるEV向けリチウムイオン電池の保管のため、壁や柱などで耐火構造を強化した危険物倉庫を併設する。EVシフトが進むなか、埼玉県三郷市や神奈川県厚木市でも同倉庫を設ける予定。

2024年問題に対応した物流施設も増やす。26年メドに完成する京都府城陽市の施設ではトラックの自動運転に対応する。新名神高速道路で建設中のインターチェンジと専用道路で接続し、決められたルートを遠隔監視で自動運転する「レベル4」の無人運転トラックが直接乗り入れる仕組みを導入する。

三菱地所は大型トラックの無人運転技術を手掛けるスタートアップのT2（千葉県市川市）と資本業務提携しており、建物の設計やシステム構築を順次進めていく。三菱地所は新たな供給網のニーズに対応するため、現在21カ所の物流施設を今後10年間で40施設に倍増。床面積ベースでは5割増の425万平方メートルに拡大する計画だ。

✔2022年の重要ニュース （出典：日本経済新聞）

■三菱地所、5G設備1000カ所　つながる街で魅力向上（1/21）

　三菱地所は2027年3月期までに高速通信規格「5G」の基地局向けの設備を国内に1000カ所設け、通信会社に貸し出す。自社ビルなどに設置し、保有不動産や周辺地域でインターネットに高速接続しやすくする。5Gの電波は届く範囲が狭い。都心部でも地下などでは電波が届きにくい場所がある。街全体の通信環境を改善し、保有する不動産の価値向上につなげる。

　都心部では自社のオフィスビルや商業施設などを中心に基地局用設備を設ける。地方では自治体や鉄道会社などと組んで整備する。

　建物の屋上などに専用の鉄塔などを設置する。通信会社が利用料を払って自社のアンテナを取り付け、基地局として使う。複数の通信会社が同じ設備を利用できる。27年3月期までの5年間で300億円の投資を見込む。不動産大手が自前で基地局向け設備の設置に乗り出すのは初めてになる。

　まず自社で保有する丸ビル（東京・千代田）の屋上に設ける。NTTドコモやソフトバンクなど携帯電話大手4社が共有の設備として関心を示している。

　5Gの電波は4Gに比べて届く範囲が狭い。基地局の整備が進む都心部でも電波が届きにくい場所がある。国内有数のオフィス街にある丸ビルも5Gの電波は届くが、一部の場所では5Gに接続できなかったり、通信が途切れたりする場所があった。三菱地所は自前で設備を設け、携帯大手を誘致して入居する企業や店舗などの通信環境を改善する。街全体の利便性も高め、自社物件の魅力を向上する。

　政府は23年度に人口カバー率を9割に引き上げる目標を掲げるが、現在は同3割ほどにとどまっている。総務省は21年12月に携帯大手に5Gの基地局の整備を急ぐように要請した。英調査会社のオープンシグナルの21年の調査によると、5Gに接続する時間の割合で日本はアジア太平洋地域の8カ国・地域で最下位の2%だった。首位の香港（27.0%）と比べて大きな差がついている。

　5Gの最高伝送速度は4Gの100倍の毎秒10ギガ（ギガは10億）ビットで、2時間の映画を3秒程度でダウンロードできる。乗用車の自動運転や遠隔医療の基盤になるほか、企業のデジタルトランスフォーメーション（DX）などの加速にもつながるとみられている。

　5Gの電波は届く範囲が狭いことにより、より多くの基地局が必要になる。その分、通信会社の設置費用もかさむ。携帯大手4社が共同で基地局に使える設備を設けることで、基地局の設置にかかるコストを削減できる。

■渋谷で初の再開発参入　オフィスやホテル建設（1/27）

　三菱地所が東京・渋谷で初となる再開発を行うことが分かった。これまで東京・大手町、丸の内を中心としていたが、新たに JR 渋谷駅近くにオフィスやホテルを含む複合ビルを 2 棟建設する。総事業費は約 770 億円。2026 年度の完成を見込む。渋谷を拠点とする東急グループ以外にも不動産大手の参入が一段と進みそうだ。

　渋谷周辺は 19 年に米グーグル日本法人が移転するなど国内外の IT（情報技術）企業やスタートアップ企業の進出が進む。商業施設だけでなくオフィスの需要も高いと判断した。

　開発する場所は大型オフィスビル「新大宗ビル」がある道玄坂 2 丁目。開発対象の地区の面積は約 8000 平方メートル。オフィスや店舗で構成する高さ約 155 メートル、地上 30 階の高層棟とホテルが入居する中層棟の 2 棟を建てる計画だ。

　三菱地所は渋谷周辺で高層オフィスビルを保有するが、再開発を手掛けるのは初めて。若者だけでなくビジネスマンも含めた交流拠点をテーマに開発し、災害時の帰宅困難者の一時滞在施設としての機能も想定する。

　再開発参入の背景にあるのが渋谷のオフィス需要の増加だ。帝国データバンクによると渋谷区への転入企業は 20 〜 21 年に 1129 社と 19 〜 20 年比で 2 割増えた。かつては商業ビル「109」を中心に若者の街として人気だったが、2000 年代に入り、起業家が進出。19 年にグーグル日本法人が六本木から移転したのを機に IT 企業も増加した。

　新型コロナウイルスを機に企業がオフィス縮小に動くが、渋谷の需要は底堅い。オフィス仲介会社の三幸エステート（東京・中央）が 1 フロア 200 坪（約 660 平方メートル）以上の大規模ビルの平均賃料を調べたところ、21 年 12 月時点で渋谷・道玄坂エリアは 1 坪あたり 3 万円超で 1 年前と比べ 1 千円弱上昇した。丸の内や大手町、新橋や虎ノ門といった他エリアが軒並み下落する中、回復スピードは速いと言える。

　渋谷エリアの再開発は東急や東急不動産など東急グループが強い。三幸エステートによると渋谷駅周辺に建つ 20 階以上の高層オフィスビルの約 5 割のビルを東急グループが所有する。一方で近年は東急以外の参入が目立つ。三井不動産が 20 年に宮下公園の周辺で商業施設、ホテルが一体となった複合施設を開業した。

　東急グループも渋谷駅周辺で既に 9 つの再開発案件を進めている。不動産開発投資会社と組み、東急百貨店本店を建て替える方針で、東急百貨店本店は 23 年春以降に解体工事に着手する。鉄道事業の回復が遅れる中、不動産事業での収益立て直しを急ぐ。

✔2021年の重要ニュース (出典：日本経済新聞)

■東京医科歯科大と包括協定　大学の不動産活用　（3/10）

三菱地所は 10 日、東京医科歯科大学と不動産活用に関する包括的な協定を結んだと発表した。大学が持つ不動産を有効活用するほか、医療関連のオープンイノベーション拠点の運営で連携する。2017 年 4 月に国立大学法人法が一部改正され、研究や教育の充実のため保有資産を活用する大学が増えている。三菱地所も教育機関との連携で事業拡大につなげる。

東京医科歯科大は JR 御茶ノ水駅近くに湯島と駿河台のキャンパスを持つ。三菱地所は包括協定前、同大が御茶ノ水駅周辺に持つ土地活用の事業者に選ばれた。土地を 60 年間借り、オフィスや店舗で構成する 11 階建ての複合ビルを 22 年 9 月までに建設する予定だ。

同大は 20 年 10 月に指定国立大学法人の指定を受け、ヘルスケアやサイエンスの拠点設置を目指している。基礎研究などの強化へ、医療機関や医科大が集まるお茶の水周辺の立地を活用する計画だ。大企業や新興企業などとのオープンイノベーション拠点やヘルスケア拠点を作る構想もある。三菱地所は丸の内でフィンテック分野などのイノベーション施設を開設しており、施設で培った運営ノウハウを提供していく。

大学保有地の運用に関する規制緩和で、遊休地を活用する大学は多い。東京工業大学は JR 田町駅前の付属高校を移した跡地を貸与。東急不動産や NTT 都市開発などで作るグループが 36 階建て、高さ約 180㍍の超高層ビルを 30 年にも整備する。大学との連携はデベロッパーにとって再開発の案件が増えるほか、企業同士のビジネス交流などで培った経験を生かし新たな事業につなげる機会にもなる。不動産会社と大学が連携する動きは広がりそうだ。

■アート事業に参入　東急などと新会社設立（3/12）

三菱地所は美術品などを軸にしたアート事業に参入する。東急など 4 社で新会社を設立し、アートによる企業のマーケティングなどを支援する。海外では富裕層が購入するだけでなく、企業もアートを PR 手段に活用するなど身近な存在だ。鑑賞や投資対象にとどまる国内で新たなビジネスの機会を開拓する。

三菱地所はこのほど、寺田倉庫や TSI ホールディングス（HD）、東急などと新会社「MAGUS（マグアス）」（東京・品川）を設立した。広告写真や映像制作を手掛けるアマナとも業務提携した。

現代美術家が手掛けた絵画や写真、彫刻を使ったマーケティングなどを企業に提案する。アマナによると、自社販売を伸ばすため写真家に協賛し、海外の展覧会などで評価されたことで製品の売り上げが伸びた事例がある。

アートに関するイベントも開催する。世界の富裕層の参加を促し、新たな顧客としての接点づくりにいかす。アートの知識の乏しい社員向けのセミナーも実施する計画だ。個人向けにもサービスを提供する。投資目的や教養としてアートを学びたい人を対象に学校を開く。世界のアート情報を発信する専門メディアも立ち上げる予定だ。

アートを巡るビジネスは、世界に比べ日本は出遅れている。海外では資産性に注目した購入だけでなく、企業も音楽やスポーツと同様にマーケティングなどで活用する。

■三菱地所、eスポーツに参入　丸の内で企業対抗戦（8/26）

三菱地所はコンピューターゲームの対戦競技「eスポーツ」の主催ビジネスに参入する。大会運営会社のJCG（東京・品川）に出資し、2021年秋にも東京都心で入居企業対抗の大会を計画。三菱地所が保有する施設に大会を誘致するほか、再開発にもeスポーツを生かす。大型施設の開発だけでなく、様々なイベントで中長期で街の訪問者が増えるようにする。

三菱地所はJCGと連携し、21年秋にも東京の丸の内地区にオフィスを構える企業を対象にeスポーツの企業対抗戦を開く。イベントの運営をJCGが担い、参加企業は20社程度を見込む。新型コロナウイルスの感染状況によるが、オンラインのほか、リアルでも行う方針だ。三菱地所の営業企画部の田学培主事は「年数回ずつ開催し、企業内のコミュニケーションの活性化を促したい」と話す。

三菱地所はサンシャインシティなどのグループ企業で保有する施設で、eスポーツ大会の誘致も目指す。若い世代に人気のイベントを開くことで施設の認知度を高め、新たな来街者を呼び込む狙いだ。「eスポーツ×不動産開発」として、新たにビルを建設する際に魅力あるコンテンツとして生かすことも検討する。

三菱地所がeスポーツに注目したのは、新たな収益源や街の魅力を生み出すためだ。農業や再生可能エネルギー、ヘルスケアなどの分野で取り組んでおり、eスポーツは今後伸びる市場として期待する。三菱地所の営業企画部の八木重長室長は「就業者や来街者の満足度を高めるコンテンツになり、街全体の魅力訴求にもつながる」と説明する。三菱地所は多様性のある街づくりの一つの手段として、eスポーツの成長を後押ししていく。

✔ 就活生情報

最終面接にも関わらず15分という短さで，簡潔に
答えることを意識しました

総合職 2019卒

エントリーシート

・内容：学生時代にした最大のチャレンジは何か，大切にしている信念は何か（そ
れを培ってきた経験を踏まえて），三菱地所でどのような仕事をして，何を成
し遂げたいか

セミナー

・選考とは無関係
・服装：リクルートスーツ
・内容：社員との座談会や逆質問，事業説明

筆記試験

・形式：Webテスト
・内容：玉手箱。言語→25分，全9題程度　計数→35分，1問1分程度　性
格→時間制限無し，凡そ20分程度

面接（個人・集団）

・雰囲気：和やか
・回数：5回
・質問内容：自己紹介と志望動機，高校時代に〇〇部に入った理由，なぜいま
の学部を選択したのか，なぜ様々ある業界の中でデベロッパーを選ぶのか

内定

・拘束や指示：内定時期は6月上旬，承諾検討期間は1日

● その他受験者からのアドバイス

・こちらの話によく笑ってくれた。意外にも志望動機について深堀されなかっ
た

OB/OG訪問・物件の見学は必ずためになるので，行うようにして下さい

総合職 2018卒

エントリーシート
・形式：採用ホームページから記入

セミナー
・選考とは無関係
・服装：リクルートスーツ

筆記試験
・形式：Webテスト
・科目：数学，算数／国語，漢字／性格テスト
・内容：玉手箱。数学は図表の穴埋め

面接（個人・集団）
・雰囲気：和やか
・回数：3回
・質問内容：一次・二次は一対一。面接後はフィードバックをもらえる。面接と面接の間の間隔が短く，数時間後だったりする。最終面接は短く15分程度。内容は普通の質問が多い

グループディスカッション
・テーマ：とある仮想の用地に何を建設するか
・人数は7人一組，時間は45分

内定
・通知方法：電話

● その他受験者からのアドバイス
・面接の雰囲気は，圧迫とまではいかなくとも，終始荘厳な雰囲気だった

面接官の方は過去の経験から，短い時間でもみてきます。そのためにも自己分析を怠らないように!!

総合N職 2018卒

エントリーシート

・形式：採用ホームページから記入
・内容：チャレンジした経験，あなたの信念，三菱地所で成し遂げたいこと

セミナー

・選考とは無関係

面接（個人・集団）

・質問内容：なぜ三菱地所か，なぜディベロッパーか，三菱地所で何をしたいのか，チームで何かを成し遂げた経験は

グループディスカッション

・テーマ：開発予定地に誘致するテナントの選定について

内定

・拘束や指示：特になし
・通知方法：電話
・タイミング：予定通り

▶ その他受験者からのアドバイス

・グループディスカッションや序盤の面接が免除になっている方もいましたが，自分はOB訪問なしでグループディスカッションからスタートし，トントン拍子に内定を頂いた
・よくなかった点は，人によって選考のタイミングがバラバラだった

OB・OG訪問を特に重点的に行って下さい。デベロッパーの場合は物件見学も重要になります

総合職 2018卒

エントリーシート

・形式：採用ホームページから記入
・内容：志望動機，好きな街，学生時代頑張ったこと，企業研究方法

セミナー

・選考とは無関係
・服装：リクルートスーツ
・内容：複数回実施。ひたすら業界や会社について説明する講義形式のもの。丸の内について検討するグループワーク型のものなどがあった

筆記試験

・形式：Webテスト
・科目：数学，算数／国語，漢字／性格テスト
・内容：玉手箱だったように思う

面接（個人・集団）

・雰囲気：普通
・回数：3回
・質問内容：オーソドックスなものばかり。ただし深掘りされる

グループディスカッション

・デベロッパー業務に関連したワークを8人程度で行った

内定

・拘束や指示：就職活動を終わらせること，ネット等に書き込まないこと
・通知方法：電話
・タイミング：予定通り

▶ その他受験者からのアドバイス

・よかった点は，4月の選考スピードが速く，待たされることがなかった
・よくなかった点は，ES提出者全員がGDに進めるので，グループの当たり外れが大きいのではないかと感じた

三菱地所は，純粋に地所の取り組みに共感し，地所が好きな学生を求めているような気がしました

総合Ｎ職 2018卒

エントリーシート

・形式：採用ホームページから記入

セミナー

・選考とは無関係
・服装：リクルートスーツ
・内容：ビル開発のグループワーク

筆記試験

・形式：Webテスト
・科目：数学，算数／国語，漢字／性格テスト

面接（個人・集団）

・雰囲気：和やか
・回数：3回

グループディスカッション

・様々な資料をもとにどの計画プランが良いかをみんなで協議するもの

内定

・拘束や指示：就職活動を終わらせること
・通知方法：電話
・タイミング：予定通り

▶ その他受験者からのアドバイス

・面接後に，若手社員の方と気軽に話せる場所がある
・結果連絡が早い
・アットホームな雰囲気

OB・OG訪問を特に重点的に行うべきです。また
デベロッパーの場合は，物件見学も重要です。とに
かく足を使ってください

総合職 2015卒

エントリーシート

・形式：採用ホームページから記入
・内容：「志望動機」，「好きな街」，「学生時代頑張ったこと」，「企業研究方法」

セミナー

・選考とは無関係
・服装：リクルートスーツ
・内容：セミナーは複数回実施。ひたすら業界や会社について説明する講義形式
　のものや，丸の内について検討するグループワーク型のものなどがあった

筆記試験

・形式：Webテスト
・科目：数学，算数／国語，漢字／性格テスト
・内容：玉手箱

面接（個人・集団）

・雰囲気：普通
・回数：3回
・質問内容：オーソドックスなものばかりだった。ただし深掘りされる

内定

・拘束や指示：就職活動を終わらせること，ネット等に書き込まないことを指示
　された
・通知方法：電話

● その他受験者からのアドバイス

・挨拶，お辞儀，身だしなみ，笑顔など基本的なことを忘れず，しっかりと
　受け答えできればある程度までは進めます。あとは熱意と相性です
・なぜこの会社なのかを自分の言葉で伝えられるようにしてください。面接
　は自分自身のプレゼンです。気負わず，素直な気持ちで臨んでください

総合Ｎ職 2013卒

エントリーシート

・形式：採用ホームページから記入
・内容：あなたが学生時代にした最大のチャレンジは何か，あなたの強みは何か，また，それは三菱地所の中でどのように活かせると思うか　など

セミナー

・選考とは無関係
・服装：リクルートスーツ
・内容：企業説明など

面接（個人・集団）

・雰囲気：普通
・回数：5回
・質問内容：自己PR，学生時代の取り組み，自分の強み・弱み，志望動機，なぜこの業界か，なぜ弊社かなど

自分の意見を情熱的に語ることで，相手（人事）の心も動く。自分の軸を見定め，積極的な意見を言えるようにしよう

総合Ｎ職 2009卒

エントリーシート

・形式：採用ホームページから記入

セミナー

・選考とは無関係
・服装：リクルートスーツ
・内容：ビル開発のグループワーク

筆記試験

・形式：Webテスト
・科目：数学，算数／国語／漢字／性格テスト

面接（個人・集団）

・雰囲気：和やか
・回数：3回
・質問内容：非常にオーソドックスで，なぜデベロッパーか，なぜ当社か，学生時代に頑張ったこと，自分の長所・短所，同業他社との比較など

グループディスカッション

・様々な資料をもとに，どの計画プランが良いかをみんなで協議する

内定

・拘束や指示：就職活動を終わらせるように言われた
・通知方法：電話

● その他受験者からのアドバイス

・筆記試験や面接対策をすることも大切だが，「一緒に働きたい」と思ってもらえるよう人柄を磨くことも重要だと思う
・就職活動では周囲に何かと迷惑をかけたり，お世話になったりするものです。周りの人たちへの感謝の気持ちを，忘れないようにしましょう

✔ 有価証券報告書の読み方

01 部分的に読み解くことからスタートしよう

　「有価証券報告書（以下，有報）」という名前を聞いたことがある人も少なくはないだろう。しかし，実際に中身を見たことがある人は決して多くはないのではないだろうか。有報とは上場企業が年に1度作成する，企業内容に関する開示資料のことをいう。開示項目には決算情報や事業内容について，従業員の状況等について記載されており，誰でも自由に見ることができる。

　一般的に有報は，証券会社や銀行の職員，または投資家などがこれを読み込み，その後の戦略を立てるのに活用しているイメージだろう。その認識は間違いではないが，だからといって就活に役に立たないというわけではない。就活を有利に進める上で，お得な情報がふんだんに含まれているのだ。ではどの部分が役に立つのか，実際に解説していく。

■有価証券報告書の開示内容

　では実際に，有報の開示内容を見てみよう。

有価証券報告書の開示内容
第一部【企業情報】
第1　【企業の概況】
第2　【事業の状況】
第3　【設備の状況】
第4　【提出会社の状況】
第5　【経理の状況】
第6　【提出会社の株式事務の概要】
第7　【提出会社の状参考情報】
第二部【提出会社の保証会社等の情報】
第1　【保証会社情報】
第2　【保証会社以外の会社の情報】
第3　【指数等の情報】

有報は記載項目が統一されているため，どの会社に関しても同じ内容で書かれている。このうち就活において必要な情報が記載されているのは，第一部の第1【企業の概況】〜第5【経理の状況】まで，それ以降は無視してしまってかまわない。

02 企業の概況の注目ポイント

第1【企業の概況】には役立つ情報が満載。そんな中，最初に注目したいのは，冒頭に記載されている【主要な経営指標等の推移】の表だ。

回次		第25期	第26期	第27期	第28期	第29期
決算年月		平成24年3月	平成25年3月	平成26年3月	平成27年3月	平成28年3月
営業収益	(百万円)	2,532,173	2,671,822	2,702,916	2,756,165	2,867,199
経常利益	(百万円)	272,182	317,487	332,518	361,977	428,902
親会社株主に帰属する当期純利益	(百万円)	108,737	175,384	199,939	180,397	245,309
包括利益	(百万円)	109,304	197,739	214,632	229,292	217,419
純資産額	(百万円)	1,890,633	2,048,192	2,199,357	2,304,976	2,462,537
総資産額	(百万円)	7,060,409	7,223,204	7,428,303	7,605,690	7,789,762
1株当たり純資産額	(円)	4,738.51	5,135.76	5,529.40	5,818.19	6,232.40
1株当たり当期純利益	(円)	274.89	443.70	506.77	458.95	625.82
潜在株式調整後1株当たり当期純利益	(円)	—	—	—	—	—
自己資本比率	(%)	26.5	28.1	29.4	30.1	31.4
自己資本利益率	(%)	5.9	9.0	9.5	8.1	10.4
株価収益率	(倍)	19.0	17.4	15.0	21.0	15.5
営業活動によるキャッシュ・フロー	(百万円)	558,650	588,529	562,763	622,762	673,109
投資活動によるキャッシュ・フロー	(百万円)	△370,684	△465,951	△474,697	△476,844	△499,575
財務活動によるキャッシュ・フロー	(百万円)	△152,428	△101,151	△91,367	△86,636	△110,265
現金及び現金同等物の期末残高	(百万円)	167,525	189,262	186,057	245,170	307,809
従業員数 [ほか、臨時従業員数]	(人)	71,729 [27,746]	73,017 [27,312]	73,551 [27,736]	73,329 [27,313]	73,053 [26,147]

見慣れない単語が続くが，そう難しく考える必要はない。特に注意してほしいのが，**営業収益**，**経常利益**の二つ。営業収益とはいわゆる**総売上額**のことであり，これが企業の本業を指す。その営業収益から営業費用（営業費（販売費＋一般管理費）＋売上原価）を差し引いたものが**営業利益**となる。会社の業種はなんであれ，モノを顧客に販売した合計値が営業収益であり，その営業収益から人件費や家賃，広告宣伝費などを差し引いたものが営業利益と覚えておこう。対して経常利益は営業利益から本業以外の損益を差し引いたもの。いわゆる金利による収益や不動産収入などがこれにあたり，本業以外でその会社がどの程度の力をもっているかをはかる絶好の指標となる。

■会社のアウトラインを知れる情報が続く。

　この主要な経営指標の推移の表につづいて,「会社の沿革」,「事業の内容」,「関係会社の状況」「従業員の状況」などが記載されている。自分が試験を受ける企業のことを, より深く知っておくにこしたことはない。会社がどのように発展してきたのか, 主としている事業はどのようなものがあるのか, 従業員数や平均年齢はどれくらいなのか, 志望動機などを作成する際に役立ててほしい。

03 事業の状況の注目ポイント

　第2となる【事業の状況】において, 最重要となるのは**業績等の概要**といえる。ここでは1年間における収益の増減の理由が文章で記載されている。「○○という商品が好調に推移したため, 売上高は△△になりました」といった情報が, 比較的易しい文章で書かれている。もちろん, 損失が出た場合に関しても包み隠さず記載してあるので, その会社の1年間の動向を知るための格好の資料となる。

　また, 業績については各事業ごとに細かく別れて記載してある。例えば鉄道会社ならば, ①運輸業, ②駅スペース活用事業, ③ショッピング・オフィス事業, ④その他といった具合だ。**どのサービス・商品がどの程度の売上を出したのか**, 会社の持つ展望として, 今後**どの事業をより活性化**していくつもりなのか, などを意識しながら読み進めるとよいだろう。

■「対処すべき課題」と「事業等のリスク」

　業績等の概要と同様に重要となるのが,「**対処すべき課題**」と「**事業等のリスク**」の2項目といえる。ここで読み解きたいのは, その会社の**今後の伸びしろ**について。いま, 会社はどのような状況にあって, どのような課題を抱えているのか。また, その課題に対して取られている対策の具体的な内容などから経営方針などを読み解くことができる。リスクに関しては法改正や安全面, 他の企業の参入状況など, 会社にとって決してプラスとは言えない情報もつつみ隠さず記載してある。客観的にその会社を再評価する意味でも, ぜひ目を通していただきたい。

　次代を担う就活生にとって, ここの情報はアピールポイントとして組み立てやすい。「新事業の○○の発展に際して……」,「御社が抱える●●というリスクに対して……」などという発言を面接時にできれば, 面接官の心証も変わってくるはずだ。

最後に注目したいのが，第5【経理の状況】だ。ここでは，簡単にいえば【主要な経営指標等の推移】の表をより細分化した表が多く記載されている。ここの情報をすべて理解するのは，簿記の知識がないと難しい。しかし，そういった知識があまりなくても，読み解ける情報は数多くある。例えば**損益計算書**などがそれに当たる。

連結損益計算書

（単位：百万円）

	前連結会計年度 （自 平成26年4月1日 至 平成27年3月31日）	当連結会計年度 （自 平成27年4月1日 至 平成28年3月31日）
営業収益	2,756,165	2,867,199
営業費		
運輸業等営業費及び売上原価	1,806,181	1,841,025
販売費及び一般管理費	※1 522,462	※1 538,352
営業費合計	2,328,643	2,379,378
営業利益	427,521	487,821
営業外収益		
受取利息	152	214
受取配当金	3,602	3,703
物品売却益	1,438	998
受取保険金及び配当金	8,203	10,067
持分法による投資利益	3,134	2,565
雑収入	4,326	4,067
営業外収益合計	20,858	21,616
営業外費用		
支払利息	81,961	76,332
物品売却損	350	294
雑支出	4,090	3,908
営業外費用合計	86,403	80,535
経常利益	361,977	428,902
特別利益		
固定資産売却益	※4 1,211	※4 838
工事負担金等受入額	※5 59,205	※5 24,487
投資有価証券売却益	1,269	4,473
その他	5,016	6,921
特別利益合計	66,703	36,721
特別損失		
固定資産売却損	※6 2,088	※6 1,102
固定資産除却損	※7 3,957	※7 5,105
工事負担金等圧縮額	※8 54,253	※8 18,346
減損損失	※9 12,738	※9 12,297
耐震補強重点対策関連費用	8,906	10,288
災害損失引当金繰入額	1,306	25,085
その他	30,128	8,537
特別損失合計	113,379	80,763
税金等調整前当期純利益	315,300	384,860
法人税、住民税及び事業税	107,540	128,972
法人税等調整額	26,202	9,326
法人税等合計	133,742	138,298
当期純利益	181,558	246,561
非支配株主に帰属する当期純利益	1,160	1,251
親会社株主に帰属する当期純利益	180,397	245,309

主要な経営指標等の推移で記載されていた**経常利益**の算出する上で必要な営業外収益などについて，詳細に記載されているので，一度目を通しておこう。

いよいよ次ページからは実際の有報が記載されている。ここで得た情報をもとに有報を確実に読み解き，就職活動を有利に進めよう。

✔ 有価証券報告書

企業の概況

1　主要な経営指標等の推移

（1）　連結経営指標等 ···

事業年度		2018年度	2019年度	2020年度	2021年度	2022年度
営業収益	（百万円）	1,263,283	1,302,196	1,207,594	1,349,489	1,377,827
経常利益	（百万円）	206,587	219,572	210,965	253,710	271,819
親会社株主に帰属する 当期純利益	（百万円）	134,608	148,451	135,655	155,171	165,343
包括利益	（百万円）	127,778	123,014	167,166	262,605	280,004
純資産	（百万円）	1,957,105	1,941,206	2,061,447	2,236,432	2,379,941
総資産	（百万円）	5,774,193	5,858,236	6,072,519	6,493,917	6,871,959
1株当たり純資産額	（円）	1,275.54	1,295.83	1,383.47	1,514.58	1,664.47
1株当たり当期純利益	（円）	96.97	108.64	101.34	116.45	125.54
潜在株式調整後 1株当たり当期純利益	（円）	96.96	108.63	101.33	116.44	125.53
自己資本比率	（％）	30.7	29.6	30.5	30.8	31.4
自己資本利益率	（％）	7.8	8.5	7.6	8.1	7.9
株価収益率	（倍）	20.68	14.68	19.07	15.62	12.56
営業活動による キャッシュ・フロー	（百万円）	345,954	341,766	207,414	280,090	269,914
投資活動による キャッシュ・フロー	（百万円）	△271,083	△277,440	△297,303	△313,778	△312,046
財務活動による キャッシュ・フロー	（百万円）	△192,473	△28,886	50,425	90,973	30,457
現金及び現金同等物 の期末残高	（百万円）	179,308	213,008	172,307	234,244	225,772
従業員数 ［外、平均臨時雇用者数］	（人）	9,439 [6,680]	9,619 [7,332]	9,982 [7,280]	10,202 [7,066]	10,655 [6,975]

（注）「収益認識に関する会計基準」（企業会計基準第29号2020年3月31日）等を2021年度の期首から適用
　　　しており，2021年度以降に係る主要な経営指標等については，当該会計基準等を適用した後の指標等
　　　となっております。

📍 (point) 主要な経営指標等の推移

　　数年分の経営指標の推移がコンパクトにまとめられている。見るべき箇所は連結の売
上，利益，株主資本比率の3つ。売上と利益は順調に右肩上がりに伸びているか，逆
に利益で赤字が続いていたりしないかをチェックする。株主資本比率が高いとリーマ
ンショックなど景気が悪化したときなどでも経営が傾かないという安心感がある。

(2) 提出会社の経営指標等 ···

事業年度		2018年度	2019年度	2020年度	2021年度	2022年度
営業収益	（百万円）	498,273	549,362	542,646	567,286	523,275
経常利益	（百万円）	126,115	131,431	158,345	128,934	107,856
当期純利益	（百万円）	100,980	109,251	110,616	93,612	67,408
資本金	（百万円）	142,023	142,147	142,279	142,414	142,414
発行済株式総数	（千株）	1,391,038	1,391,174	1,391,328	1,391,478	1,324,288
純資産	（百万円）	1,514,860	1,442,727	1,552,434	1,585,962	1,565,060
総資産	（百万円）	4,749,852	4,782,507	4,936,321	5,079,089	5,326,049
1株当たり純資産額	（円）	1,091.06	1,077.66	1,159.58	1,198.95	1,207.23
1株当たり配当額 （うち1株当たり 中間配当額）	（円）	30.00 (13.00)	33.00 (15.00)	31.00 (12.00)	36.00 (16.00)	38.00 (19.00)
1株当たり当期純利益	（円）	72.75	79.95	82.64	70.26	51.18
潜在株式調整後 1株当たり当期純利益	（円）	72.74	79.94	82.63	70.25	51.18
自己資本比率	（％）	31.9	30.2	31.4	31.2	29.4
自己資本利益率	（％）	6.8	7.4	7.4	6.0	4.3
株価収益率	（倍）	27.57	19.95	23.39	25.89	30.80
配当性向	（％）	41.2	41.3	37.5	51.2	74.2
従業員数 [外、平均臨時雇用者数]	（人）	899 [169]	903 [147]	953 [156]	1,053 [166]	1,091 [179]
株主総利回り （比較指標） 配当込みTOPIX）	（％）	113.2 (95.0)	92.2 (85.9)	112.7 (122.1)	108.4 (124.6)	97.0 (131.8)
最高株価	（円）	2,155.50	2,283.00	2,047.50	1,980.00	2,043.00
最低株価	（円）	1,657.00	1,291.00	1,499.50	1,546.00	1,539.00

(注) 1. 最高株価及び最低株価は，2022年4月4日より東京証券取引所プライム市場におけるものであり，
それ以前については東京証券取引所市場第一部におけるものであります。
2. 「収益認識に関する会計基準」（企業会計基準第29号2020年3月31日）等を2021年度の期首から適用しており，2021年度以降に係る主要な経営指標等については，当該会計基準等を適用した後の指標等となっております。

---

point 戦前から丸の内の開発を担当

明治時代に政府が丸の内の市街化を決定。開発したのは1937年に設立された三菱地所の前身である三菱合資会社だ。戦災により多くは復元されたものだが，赤レンガ姿の東京駅は第一次開発で建てられた。さらに高度経済成長期には第二次開発としてビジネスの中心地にふさわしい高層ビルが次々と登場。街の機能も整備されていった。

2 沿革

　当社は明治中期以来三菱合資会社の地所部が担当していた貸事務所経営部門を継承して，1937年5月7日設立され，爾来丸の内ビジネスセンターの整備拡充に努めて来ましたが，1970年代以降，事業の多様化を図るとともに，子会社をはじめとした当社グループによる事業の展開を進めることで経営規模の拡大を図っております。

　今日までの経過の概要は次のとおりであります。

年月	摘要
1937年 5月	・当社設立：資本金1,500万円 ・三菱合資会社より丸ノ内ビル並びに同敷地の所有権及び丸の内地区他の土地建物営業権を譲り受ける
1937年11月	・三菱合資会社より同社建築課の業務一切を引継ぐ
1945年 4月	・丸ノ内八重洲ビル並びに同敷地の所有権を（株）三菱本社より譲り受ける
1950年 1月	・丸ノ内，八重洲両ビルを除く丸の内地区他の土地建物営業権を（株）三菱本社に返還 ・（株）三菱本社解散に伴い，第二会社として陽和不動産（株），開東不動産（株）を設立
1953年 4月	・陽和不動産（株），開東不動産（株）両社を合併
1953年 5月	・東京，大阪両証券取引所に株式を上場
1954年 8月	・札幌証券取引所に株式を上場
1955年 1月	・福岡証券取引所に株式を上場
1955年 2月	・名古屋証券取引所に株式を上場
1959年 7月	・丸ノ内総合改造計画策定
1969年 5月	・赤坂パークハウス分譲（マンション事業に進出）
1972年 4月	・三菱地所ニューヨーク社を設立
1972年 6月	・泉パークタウン第1期起工
1972年10月	・名菱不動産（株），北菱不動産（株）両社を吸収合併
1972年12月	・三菱地所住宅販売（株）（連結子会社）（2007年4月三菱地所リアルエステートサービス（株）に改称）を設立
1973年11月	・札幌（2017年11月北海道支店に改称），仙台（1989年7月東北支店に改称），名古屋（2018年4月中部支店に改称），大阪（2016年4月関西支店に改称）各支店を新設
1983年 3月	・「みなとみらい21」計画区域内土地取得
1983年 4月	・名古屋第一ホテルを開業し，ホテル事業に進出

(point) 沿革

　どのように創業したかという経緯から現在までの会社の歴史を年表で知ることができる。過去に行った重要なM&Aなどがいつ行われたのか，ブランド名はいつから使われているのか，いつ頃から海外進出を始めたのか，など確認することができて便利だ。

1984年 7月	・三菱地所ホーム（株）（連結子会社）を設立
1986年 3月	・メックユーケー社を設立
1986年10月	・横浜事業所を新設（2000年4月横浜支店に改組）
1989年 3月	・イムズ開業（商業施設事業に進出）
1989年 7月	・広島支店（2017年11月中四国支店に改称），九州支店を新設
1990年 4月	・米国ロックフェラーグループ社（連結子会社）（2020年1月メックグループインターナショナル社に改称）に資本参加
1991年 4月	・大阪支店神戸営業所を新設（1999年6月大阪支店に統合）
1993年 7月	・横浜ランドマークタワー竣工
1996年11月	・本店を東京ビルに移転
1999年 4月	・丸の内ビルの新築工事着工（丸の内再開発に着手）
2000年 4月	・機構改革の実施（関係会社一体の事業本部制導入等）
2000年11月	・ホテル事業統括会社として（株）ロイヤルパークホテルズアンドリゾーツ（連結子会社）を設立
2001年 6月	・設計監理事業本部を（株）三菱地所設計（連結子会社）に分社
2002年 8月	・丸の内ビル竣工
2003年 3月	・本店を大手町ビルに移転
2004年 9月	・丸の内オアゾ（OAZO）グランドオープン（当社所有ビル「丸の内北口ビル」）
2005年 3月	・藤和不動産（株）（持分法適用関連会社）に資本参加
2005年10月	・東京ビル竣工
2007年 4月	・機構改革の実施（事業本部制の廃止及び担当役員制への移行） ・新丸の内ビル竣工
2007年 9月	・ザ・ペニンシュラ東京オープン（同年5月竣工）
2008年 1月	・藤和不動産（株）の増資引き受け（連結子会社化）
2008年 2月	・（株）サンシャインシティ株式の公開買付けを実施し，同年3月同社株式を追加取得（連結子会社化）
2008年 4月	・機構改革の実施（事業部門に替わり，事業グループを導入）
2008年10月	・三菱地所アジア社を開設
2009年 3月	・チェルシージャパン（株）（2013年2月三菱地所・サイモン（株）に改称）を連結子会社化
2009年 4月	・藤和不動産（株）を完全子会社化 ・丸の内パークビル・三菱一号館竣工（2010年4月三菱一号館美術館オープン）
2010年 1月	・札幌証券取引所及び福岡証券取引所における株式の上場廃止

(point) **三菱地所は「丸の内の大家さん」**

丸の内から大手町，有楽町までを地盤にビル開発事業を行う三菱地所は「丸の内の大家さん」と称される。1969年にマンション事業へ進出し，その後もホテル事業，商業施設事業，海外事業へと事業の多様化を進めてきた。2000年代に丸の内再構築プロジェクトが本格化。現在は丸の内の再開発が事業運営の大きな柱となっている。

2011年 1月	・三菱地所レジデンス（株）発足（当社，三菱地所リアルエステートサービス（株）及び藤和不動産（株）の住宅分譲事業を統合）
2011年 4月	・上海駐在員事務所開設（2015年2月廃止）
2012年 1月	・丸の内永楽ビル竣工
2012年10月	・大手町フィナンシャルシティ ノースタワー，サウスタワー竣工
2013年 4月	・三菱地所（上海）投資諮詢有限公司を開設
2014年 7月	・三菱地所コミュニティホールディングス（株）（連結子会社）発足
2015年10月	・大名古屋ビル竣工
2015年11月	・大手門タワー竣工
2016年 4月	・大手町フィナンシャルシティ グランキューブ 及び 宿泊施設棟竣工
2016年 6月	・指名委員会等設置会社へ移行
2017年 1月	・大手町パークビル竣工
2017年 4月	・台湾駐在員事務所開設（2018年12月廃止）
2018年 1月	・本店を大手町パークビルに移転
2018年 8月	・台灣三菱地所股份有限公司を開設
2018年10月	・丸の内二重橋ビル竣工
2020年 9月	・みずほ丸の内タワー・銀行会館・丸の内テラス竣工
2021年 6月	・TOKYO TORCH 常盤橋タワー竣工
2021年12月	・名古屋証券取引所における株式の上場廃止
2022年 4月	・東京証券取引所の市場区分の見直しにより，東京証券取引所の市場第一部からプライム市場に移行

3 事業の内容

　連結財務諸表提出会社（以下当社という）及び当社関係会社（あわせて以下当社グループという）においては，ビルや商業施設などの開発・賃貸を中心とするコマーシャル不動産事業，マンション・戸建住宅の販売を中心とする住宅事業，海外事業，投資マネジメント事業，設計監理・不動産サービス事業等幅広い事業分野で事業活動を行っております。

　各事業分野につきまして，当社グループの営む主な事業内容，当該事業における位置付け及びセグメントとの関係は次のとおりであります。

（1）　コマーシャル不動産事業 ………………………………………………………

　当社グループはオフィスビルを中心に，商業施設・物流施設・ホテル・空港な

---

point 事業の内容

　会社の事業がどのようにセグメント分けされているか，そして各セグメントではどのようなビジネスを行っているかなどの説明がある。また最後に事業の系統図が載せてあり，本社，取引先，国内外子会社の製品・サービスや部品の流れが分かる。ただセグメントが多いコングロマリットをすぐに理解するのは簡単ではない。

どのあらゆるアセットタイプの開発・賃貸・運営・管理などを行っております。

（ビル事業）

① ビル開発・賃貸事業

・当社は，東京都内及び全国の主要都市において，オフィスを主とする当社の単独又は共同事業としてビルを開発・建設し，直接賃貸するほか，他のビル所有者からビルを賃借し，これを転貸しております。

・また当社は，竣工・稼働開始後に投資商品として不動産投資市場で売却することを基本的戦略とする収益用不動産の開発を行っております。

・連結子会社である（株）サンシャインシティ，（株）東京交通会館，（株）横浜スカイビル及び匿名組合大手町第三インベストメントは，所有するビルを賃貸しております。

・連結子会社である豊洲三丁目開発特定目的会社他3社及び持分法適用関連会社である匿名組合大手町開発他1社は，収益用不動産ほかの開発・保有・賃貸等を行っております。

・連結子会社である日本リージャスホールディングス（株）及び日本リージャス（株）は，レンタルオフィス，コワーキングスペース等の運営業務を行っております。

② ビル運営・管理事業

・連結子会社である三菱地所プロパティマネジメント（株）は，当社ビルほかの運営・管理業務を受託しております。また，「建設業法」に基づく許可を取得し，当社ビルほかの賃借人より室内造作工事等の請負を行っております。

③ 駐車場事業

・連結子会社である東京ガレーヂ（株）は，駐車場事業を直営にて行うと共に，当社ほかより運営・管理業務を受託しております。

④ 地域冷暖房事業

・連結子会社である丸の内熱供給（株），池袋地域冷暖房（株）及び持分法適用関連会社であるオー・エー・ピー熱供給(株)，みなとみらい二十一熱供給(株)は，各供給区域において地域冷暖房事業を行っております。

⑤ その他事業

・連結子会社である丸の内ダイレクトアクセス（株）は，丸の内エリアに光ファイバー網を敷設し，通信事業者等に賃貸しております。

（商業施設事業）

・当社は，日本全国で，単独商業施設・都心複合施設・アウトレット等の商業施設の開発・賃貸・運営・管理などを行っております。

・連結子会社である三菱地所・サイモン（株）は，「御殿場プレミアム・アウトレット」ほかの商業施設を所有し，これを賃貸しております。

・連結子会社である三菱地所プロパティマネジメント（株）は，当社商業施設ほかの運営・管理業務を受託しております。

（物流施設事業）

・当社は，日本全国で物流施設の開発・賃貸・運営などを行っております。

・連結子会社である（株）東京流通センターは，物流施設・オフィスビル等の賃貸・運営・管理を行っております。

・連結子会社である座間デベロップメント特定目的会社は，物流施設の開発等に係る業務を行っております。

（ホテル事業）

・当社は，日本全国で，国内外のホテルオペレーターと連携し，宿泊主体型ホテルやリゾートホテルの開発・賃貸・管理などを行っております。

・連結子会社である（株）ロイヤルパークホテルズアンドリゾーツは，「ロイヤルパークホテル」（仙台・東京日本橋・横浜），「ザロイヤルパークホテルアイコニック東京汐留」をはじめ全国各地でホテル経営を行っております。また，コンサルティングを含めた新規ホテル開発を行うだけでなく，「ザロイヤルパークキャンバス銀座8」では外部経営会社とのマネジメントコントラクト方式によるホテル運営を行っております。

・連結子会社である（株）丸ノ内ホテルは，建物を所有し，ホテル（「丸ノ内ホテル」）を経営しております。

（空港事業）

　・当社グループは，日本各地で，「高松空港」ほか民営化された空港施設の開発・賃貸・運営・管理などを行っております。

(point) **5つの大型プロジェクトが進行中**

ビル事業はオフィスビル賃貸が利益の大部分を占める。単体が，丸の内ビル，新丸の内ビルなどに代表される丸の内，大手町地区の大型ビル多数を保有する。5つの大型プロジェクトが進行中。2015年10月竣工予定の「大名古屋ビルヂング」，2015年11月竣工予定の「大手町1-1計画A棟」，2016年4月竣工予定の「大手町連鎖プロジェク

ビル事業，商業施設事業，物流施設事業，ホテル事業，空港事業はコマーシャル不動産事業セグメントに区分しております。

（2）住宅事業 ……………………………………………………………………

当社グループはマンション・戸建住宅等の建設・販売・賃貸等を行うほか，マンション・住宅の管理，注文住宅の設計・請負，不動産仲介，ニュータウンの開発，ゴルフ場の経営等の余暇事業を行っております。

① 不動産販売事業

・連結子会社である三菱地所レジデンス（株）は国内外におけるマンション・戸建住宅等の建設・販売等を行っております。

・連結子会社であるアーバンライフ（株）は，関西圏におけるマンションのリノベーション・販売等を行っております。

② 住宅管理事業

・連結子会社である三菱地所コミュニティホールディングス（株）は，連結子会社である三菱地所コミュニティ（株）の経営管理を行っております。

・連結子会社である（株）泉パークタウンサービス，三菱地所コミュニティ（株）は，三菱地所レジデンス（株）ほかの供給したマンション・住宅等の不動産管理等を行っております。

③ 開発事業

・当社は，泉パークタウン等のニュータウンの開発事業を行っております。

④ 不動産仲介事業

・連結子会社である三菱地所ハウスネット（株）は，不動産仲介事業等を行っております。

⑤ 注文住宅事業

・連結子会社である三菱地所ホーム（株）は，「建設業法」に基づく許可を取得し，注文住宅の受注並びに三菱地所レジデンス（株）ほかより戸建住宅等を請負建築しております。

・連結子会社である（株）三菱地所住宅加工センターは，建築資材を製造・加工し，三菱地所ホーム（株）ほかに供給しております。

ト第3次計画」，2017年竣工予定の「大手町1-1計画B棟」，2017年度竣工予定の「富士ビル・東京會舘ビル・東京商工会議所ビル建て替え」の5プロジェクト。

⑥　余暇事業

・当社は，宮城県においてゴルフ場を経営しております。

・連結子会社である東富士グリーン（株）は，静岡県においてゴルフ場を経営しております。

・持分法適用関連会社である佐倉ゴルフ開発（株）は，千葉県においてゴルフ場を経営しております。

⑦　その他事業

・当社，連結子会社である三菱地所レジデンス（株）は，賃貸マンションの建設・賃貸・売却事業を行っております。

・連結子会社である（株）メックecoライフは，住宅事業におけるエコ推進，先進的R＆Dへの取り組み，また，住宅設備機器の共通化を中心としたコストマネジメントの推進を行っております。

・連結子会社である（株）菱栄ライフサービスは，当社より建物を賃借し，高齢者向け住宅「ロイヤルライフ奥沢」を経営しております。

・連結子会社である（株）メック・デザイン・インターナショナルは，住宅に関するカラースキーム・モデルルームデザイン，設計変更，インテリア用品の販売等を行っております。

住宅事業は住宅事業セグメントに区分しております。

（3）　海外事業 ⋯⋯⋯⋯⋯⋯⋯⋯⋯⋯⋯⋯⋯⋯⋯⋯⋯⋯⋯⋯⋯⋯⋯⋯⋯⋯⋯⋯

　当社グループは海外において，主に不動産開発事業，不動産賃貸事業を行っております。

・MEC Group International Inc.をはじめとする連結子会社173社並びに持分法適用関連会社88社は，世界各地で不動産事業を展開しております。

・全米各地においてはMEC Group International Inc.を，イギリス・ロンドン，フランス・パリ，スペイン・バルセロナ及びスウェーデン・ストックホルム等においてはMitsubishi Estate London Limitedを通じて，オフィスビル等の不動産開発事業，賃貸事業を行っております。

(point) リスク管理に重点を置いた海外展開

　海外事業は今後の成長が期待できる。米国では，1990年に子会社化したロックフェラーグループが中心。シンガポールにおけるマンション開発への参画や上海駐在員事務所も開設された。アジア（シンガポール，ベトナム，中国など）では，キャピタランドなど現地プレイヤーとのタイアップによる住宅分譲が中心となる見通し。日本の

・シンガポール，インドネシア，タイ，フィリピン，ベトナム，ミャンマー，マレーシア及びオーストラリアにおいてはMitsubishiEstateAsiaPte.Ltd.他を通じて，オフィス，住宅，アウトレットモール等の不動産開発事業を展開しております。
・中国大陸各都市においてはオフィス，住宅，商業施設の開発事業に参画しております。また，台湾においてはオフィス，商業，ホテル等から成る複合施設の持分を保有しているほか，オフィス，住宅の開発事業に参画しております。海外事業は海外事業セグメントに区分しております。

（4） 投資マネジメント事業 ……………………………………

当社グループは不動産投資に関する総合的サービスの提供を行っております。
・連結子会社である三菱地所投資顧問（株）は，三菱地所物流リート投資法人（東京証券取引所不動産投資信託証券市場上場）及び主に機関投資家等を対象とする日本オープンエンド不動産投資法人の資産運用を行っております。また，上記以外にも特定の不動産運用ニーズに対応する私募ファンドの組成・運用も行っております。
・連結子会社であるジャパンリアルエステイトアセットマネジメント（株）は，ジャパンリアルエステイト投資法人（東京証券取引所不動産投資信託証券市場上場）の資産運用を行っております。
・TA Realty LLC をはじめとする在外連結子会社60社並びに持分法適用関連会社16社は，米国等において不動産ファンドの運用業務を展開しております。投資マネジメント事業は投資マネジメント事業セグメントに区分しております。

（5） 設計監理・不動産サービス事業 ……………………………

（設計監理事業）
・連結子会社である（株）三菱地所設計は，建築・土木工事の設計監理のほか，建築・土木全般に亙る各種コンサルティング業務を行っております。
・連結子会社である（株）メック・デザイン・インターナショナルは，インテリア関連工事の設計監理のほか，内装工事請負を行っております。
（不動産サービス事業）

デベロッパーの海外展開には否定的な意見もあるため，高すぎる目標を掲げず，リスク管理に重点を置いた展開となっている。

当社グループは不動産仲介事業，駐車場事業等を行っております。

・連結子会社である三菱地所リアルエステートサービス㈱は，不動産仲介事業等を行っております。

・連結子会社である三菱地所パークス（株）は，駐車場運営事業等を行っております。

設計監理事業及び不動産サービス事業は設計監理・不動産サービス事業セグメントに区分しております。

（6） その他の事業 ……………………………………………………………………

・連結子会社である三菱地所ITソリューションズ（株）は，主として当社グループの利用に供する情報システムの開発，保守管理を行っております。

・連結子会社である（株）メック・ヒューマンリソースは，当社グループの給与厚生研修関連業務の受託を行っております。

その他の事業はその他の事業セグメントに区分しております。

上記事項を事業系統図により示すと次の通りとなります。

---

point **東京駅周辺の魅力低下がリスクに**

当社の強みは丸の内・大手町地区の最高の資産価値と開発ポテンシャル，三菱グループを筆頭に主要テナントとの強いリレーション，住宅事業におけるマンションの高いブランド価値などである。一方で留意点は，賃料の安価な地区へのテナント流出や，品川・大崎，渋谷地区等の発展に伴う丸の内・大手町地区の魅力低下だろう。

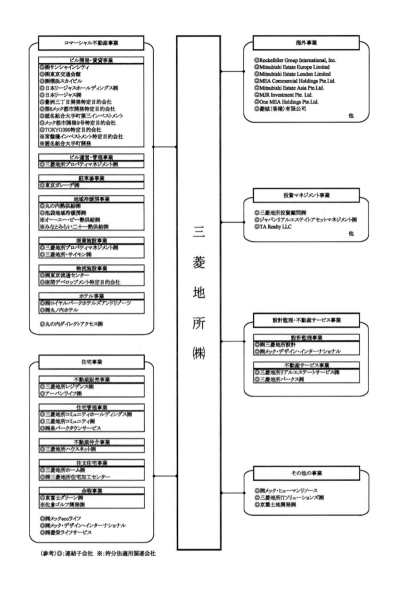

三菱地所㈱

コマーシャル不動産事業

ビル開発・賃貸事業
- ◎㈱サンシャインシティ
- ◎㈱東京交通会館
- ◎㈱横浜スカイビル
- ◎日本リージャスホールディングス㈱
- ◎日本リージャス㈱
- ◎豊洲三丁目開発特定目的会社
- ◎第6メック都市開発特定目的会社
- ◎匿名組合大手町第三インベストメント
- ◎メック都市開発9号特定目的会社
- ◎TOKYO390特定目的会社
- ※常盤橋インベストメント特定目的会社
- ※匿名組合大手町開発

ビル運営・管理事業
- ◎三菱地所プロパティマネジメント㈱

駐車場事業
- ◎東京ガレーヂ㈱

地域冷暖房事業
- ◎丸の内熱供給㈱
- ◎池袋地域冷暖房㈱
- ※オー・エー・ピー熱供給㈱
- ※みなとみらい二十一熱供給㈱

商業施設事業
- ◎三菱地所プロパティマネジメント㈱
- ◎三菱地所・サイモン㈱

物流施設事業
- ◎㈱東京流通センター
- ◎座間デベロップメント特定目的会社

ホテル事業
- ◎㈱ロイヤルパークホテルズアンドリゾーツ
- ◎㈱丸ノ内ホテル

- ◎丸の内ダイレクトアクセス㈱

住宅事業

不動産販売事業
- ◎三菱地所レジデンス㈱
- ◎アーバンライフ㈱

住宅管理事業
- ◎三菱地所コミュニティホールディングス㈱
- ◎三菱地所コミュニティ㈱
- ◎㈱泉パークタウンサービス

不動産仲介事業
- ◎三菱地所ハウスネット㈱

注文住宅事業
- ◎三菱地所ホーム㈱
- ◎㈱三菱地所住宅加工センター

会取事業
- ◎東富士グリーン㈱
- ※佐倉ゴルフ開発㈱

- ◎㈱メックecoライフ
- ◎㈱メック・デザイン・インターナショナル
- ◎㈱藤栄ライフサービス

海外事業

- ◎Rockefeller Group International, Inc.
- ◎Mitsubishi Estate Europe Limited
- ◎Mitsubishi Estate London Limited
- ◎MEA Commercial Holdings Pte.Ltd.
- ◎Mitsubishi Estate Asia Pte.Ltd.
- ◎MJR Investment Pte. Ltd.
- ◎One MEA Holdings Pte.Ltd.
- ◎菱城(香港)有限公司

他

投資マネジメント事業

- ◎三菱地所投資顧問㈱
- ◎ジャパンリアルエステイトアセットマネジメント㈱
- ◎TA Realty LLC

他

設計監理・不動産サービス事業

設計監理事業
- ◎㈱三菱地所設計
- ◎㈱メック・デザイン・インターナショナル

不動産サービス事業
- ◎三菱地所リアルエステートサービス㈱
- ◎三菱地所パークス㈱

その他の事業

- ◎㈱メック・ヒューマンリソース
- ◎三菱地所ITソリューションズ㈱
- ◎京葉土地開発㈱

(参考)◎:連結子会社 ※:持分法適用関連会社

主に子会社のリストであり，事業内容や親会社との関係についての説明がされている。特に製造業の場合などは子会社の数が多く，すべてを把握することは難しいが，重要な役割を担っている子会社も多くある。有報の他の項目では一度も触れられていない場合が多いので，気になる会社については個別に調べておくことが望ましい。

4 関係会社の状況

① 連結子会社

名称	住所	資本金又は出資金(百万円)	主要な事業内容	議決権の所有割合(%)	関係内容 営業上の取引等	関係内容 当社関係者／全取締役	摘要
三菱地所プロパティマネジメント㈱	東京都千代田区	300	コマーシャル不動産事業	100.0	ビル、商業施設の運営管理委託	9/9	
日本リージャス㈱	東京都新宿区	276	〃	100.0(100.0)	資金の援助	2/3	
日本リージャスホールディングス㈱	東京都新宿区	10	〃	100.0	不動産の賃貸	5/6	
池袋地域冷暖房㈱	東京都豊島区	1,200	〃	68.0(47.0)	―	4/7	
丸の内熱供給㈱	東京都千代田区	2,775	〃	65.6	冷温熱の購入	6/9	
㈱サンシャインシティ	東京都豊島区	19,200	〃	63.2	―	4/13	*4
㈱横浜スカイビル	横浜市西区	3,591	〃	62.0	資金の援助	6/9	
東京ガレーヂ㈱	東京都千代田区	10	〃	54.9	駐車場の運営管理委託	2/5	
丸の内ダイレクトアクセス㈱	東京都千代田区	490	〃	51.0	―	4/6	
㈱東京交通会館	東京都千代田区	400	〃	50.0	不動産の賃貸	4/8	
第6メック都市開発特定目的会社	東京都中央区	37,300	〃	―	ビルの運営管理受託	―	*6
匿名組合大手町第三インベストメント	東京都中央区	33,843	〃	―	ビルの運営管理受託	―	*4
豊洲三丁目開発特定目的会社	東京都中央区	30,400	〃	―	ビルの運営管理受託	―	*4
メック都市開発9号特定目的会社	東京都中央区	11,002	〃	―	ビルの開発管理受託	―	
TOKYO390特定目的会社	東京都中央区	9,000	〃	―	ビルの開発管理受託	―	
三菱地所・サイモン㈱	東京都千代田区	249	〃	60.0	―	3/6	
㈱東京流通センター	東京都大田区	4,000	〃	60.5	物流施設の運営管理委託	3/8	
座間デベロップメント特定目的会社	東京都中央区	22,200	〃	―	物流施設の開発管理受託	―	*4
㈱ロイヤルパークホテルズアンドリゾーツ	東京都千代田区	100	〃	100.0	資金の援助不動産の賃貸	8/9	
㈱丸ノ内ホテル	東京都千代田区	100	〃	100.0	資金の援助	4/4	
三菱地所レジデンス㈱	東京都千代田区	15,000	住宅事業、海外事業	100.0	資金の援助	7/10	*4,5
三菱地所ホーム㈱	東京都新宿区	450	住宅事業	100.0	資金の援助	5/6	
㈱三菱地所住宅加工センター	千葉市美浜区	400	〃	100.0(22.2)	資金の援助	5/7	
三菱地所コミュニティ㈱	東京都千代田区	100	〃	100.0(100.0)	―	7/10	
三菱地所ハウスネット㈱	東京都新宿区	100	〃	100.0	―	6/6	
アーバンライフ㈱	大阪市北区	100	〃	100.0	資金の援助	5/6	
㈱菱栄ライフサービス	東京都世田谷区	100	〃	100.0	不動産の賃貸債務保証	4/4	
東富士グリーン㈱	静岡県駿東郡	50	〃	100.0	―	6/7	

名称	住所	資本金又は出資金（百万円）	主要な事業内容	議決権の所有割合（%）	関係内容 営業上の取引等	関係内容 当社関係者／全取締役	摘要
㈱泉パークタウンサービス	仙台市泉区	30	〃	100.0	泉パークタウン内施設の運営管理委託	6/6	
㈱メックecoライフ	東京都品川区	10	〃	100.0 (100.0)		3/3	
三菱地所コミュニティホールディングス㈱	東京都千代田区	100	〃	71.5	－	5/7	
㈱メック・デザイン・インターナショナル	東京都中央区	100	住宅事業、設計監理・不動産サービス事業	100.0	設計監理業務の委託	5/6	
三菱地所リアルエステートサービス㈱	東京都千代田区	2,400	設計監理・不動産サービス事業	100.0	資金の援助不動産仲介業務の委託	4/5	
㈱三菱地所設計	東京都千代田区	300	〃	100.0	設計監理業務の委託	7/8	
三菱地所パークス㈱	東京都千代田区	100	〃	100.0 (84.8)	駐車場運営管理業務の委託	5/11	
三菱地所ITソリューションズ㈱	東京都千代田区	30	その他の事業	100.0	情報システム管理・ソフト開発委託	7/7	
㈱メック・ヒューマンリソース	東京都千代田区	10	〃	100.0	給与、厚生サービス、教育・研修関連業務の委託	5/5	
京葉土地開発㈱	東京都千代田区	10	〃	66.7	－	2/3	*7
ジャパンリアルエステイトアセットマネジメント㈱	東京都千代田区	263	投資マネジメント事業	100.0	－	4/4	
三菱地所投資顧問㈱	東京都千代田区	150	〃	100.0	－	4/4	
TA Realty LLC	米国・マサチューセッツ州	千米ドル 3,229	〃	80.39 (80.39)		3/7	
MEC Group International Inc.（メックグループインターナショナル社）	米国・ニューヨーク州	千米ドル 1,640	海外事業、投資マネジメント事業	100.0		6/6	
MITSUBISHI ESTATE NEW YORK Inc.（三菱地所ニューヨーク社）	米国・ニューヨーク州	千米ドル 71,940	海外事業	100.0 (100.0)	資金の援助債務保証	3/3	
MEC Finance USA, Inc.	米国・デラウェア州	千米ドル 500	〃	100.0 (100.0)		3/3	
MEC USA, Inc.	米国・デラウェア州	米ドル 34,903	〃	100.0 (100.0)		3/3	
Rockefeller Group International, Inc.	米国・ニューヨーク州	米ドル 100	〃	100.0 (100.0)	資金の援助	4/5	
Rockefeller Group Development Corp.	米国・ニューヨーク州	米ドル 100	〃	100.0 (100.0)		0/3	
Rockefeller Group Business Centers, Inc.	米国・ニューヨーク州	米ドル 100	〃	100.0 (100.0)		0/3	
Mitsubishi Estate Europe Limited	英国・ロンドン市	千英ポンド 487,462	〃	100.0		2/2	*4
Mitsubishi Estate London Limited	英国・ロンドン市	千英ポンド 315,243	〃	100.0 (100.0)	債務保証	2/2	*4

point 安定的な利益を生むビル事業を持つ米国子会社

ロックフェラーグループはNYを中心に 1271 Avenue of the Americas（Time life Building）, 1221 Avenue of the Americas（McGraw - Hill Building）などの大規模なオフィスビルを保有しており利益の大半が安定的なビル事業とみられる。

名称	住所	資本金又は出資金(百万円)	主要な事業内容	議決権の所有割合(%)	関係内容		摘要
					営業上の取引等	当社関係者／全取締役	
MEC UK Limited (メックユーケー社)	英国・ロンドン市	千英ポンド 1,859	〃	100.0 (100.0)	－	2/2	
MEA Commercial Holdings Pte.Ltd.	シンガポール	千シンガポールドル 760,405	〃	100.0	－	3/3	*4
MJR Investment Pte.Ltd.	シンガポール	千シンガポールドル 537,298	〃	100.0 (100.0)	－	3/3	*4
Mitsubishi Estate Asia Pte.Ltd. (三菱地所アジア社)	シンガポール	千シンガポールドル 392,646	〃	100.0	－	3/3	*4
One MEA Holdings Pte.Ltd.	シンガポール	千シンガポールドル 263,043	〃	100.0 (50.0)	資金の援助	3/3	*4
菱城(香港)有限公司 (MEC Urban (HONGKONG) Limited)	香港	千人民元 1,228,119	〃	100.0 (50.0)	－	2/3	*4
菱住投資有限公司 (MJR China Investment Limited)	香港	千人民元 666,705	〃	100.0 (100.0)	－	1/2	
領恒有限公司 (Eternal Top Limited)	香港	千人民元 158,192	〃	100.0 (100.0)	－	1/2	
その他213社							

② 持分法適用関連会社

名称	住所	資本金又は出資金(百万円)	主要な事業内容	議決権の所有割合(%)	関係内容 営業上の取引等	関係内容 当社関係者／全取締役	摘要
オー・エー・ピー熱供給㈱	大阪市北区	1,200	コマーシャル不動産事業	35.0	冷温熱の購入	2/6	
みなとみらい二十一熱供給㈱	横浜市中区	3,000	〃	29.8	冷温熱の購入	4/9	
常盤橋インベストメント特定目的会社	東京都千代田区	70,800	〃	—	ビルの開発管理受託	—	
匿名組合大手町開発	東京都千代田区	7,387	〃	—	ビルの運営管理受託	—	
佐倉ゴルフ開発㈱	千葉県佐倉市	100	住宅事業	49.0	—	2/4	
その他104社							

(注) 1. 主要な事業の内容欄には，セグメントの名称を記載しております。

　　 2. 関係内容の(当社関係者／全取締役)の欄は，各社の取締役に占める当社関係者の人数を記載しております。なお，当社関係者は，当社役員，従業員及び転籍者であります。

＊3. 議決権の所有割合の( )内は間接所有割合で内数であります。

＊4. (株)サンシャインシティ，匿名組合大手町第三インベストメント，豊洲三丁目開発特定目的会社，座間デベロップメント特定目的会社，三菱地所レジデンス(株)，Mitsubishi Estate Europe Limited，Mitsubishi Estate London Limited，MEA Commercial Holdings Pte. Ltd.，MJR Investment Pte. Ltd.，Mitsubishi Estate Asia Pte. Ltd.，One MEA Holdings Pte. Ltd.，菱城(香港)有限公司は特定子会社に該当しております。

＊5. 三菱地所レジデンス(株)については営業収益(連結会社相互間の内部営業収益を除く。)の連結営業収益に占める割合が10%を超えております。

　　主要な損益情報等　(1) 営業収益　　221,100百万円
　　　　　　　　　　 (2) 経常利益　　 32,418百万円
　　　　　　　　　　 (3) 当期純利益　 21,860百万円
　　　　　　　　　　 (4) 純資産　　　107,696百万円
　　　　　　　　　　 (5) 総資産　　　799,710百万円

＊6. 第6メック都市開発特定目的会社(決算期：2023年2月期)については，2023年3月28日付で減資を実行したため特定子会社に該当しないこととなりました。

＊7. 京葉土地開発(株)については，2023年4月30日に解散を決議し，清算手続き中であります。

(point) **従業員の状況**

主力セグメントや，これまで会社を支えてきたセグメントの人数が多い傾向があるのは当然のことだろう。上場している大企業であれば平均年齢は40歳前後だ。また労働組合の状況にページが割かれている場合がある。その情報を載せている背景として，労働組合の力が強く，人数を削減しにくい企業体質だということを意味している。

5 従業員の状況

(1) 連結会社の状況 ···

2023年3月31日現在

セグメントの名称	従業員数（人）	
コマーシャル不動産事業	4,254	[785]
住宅事業	3,404	[4,470]
海外事業	373	[33]
投資マネジメント事業	343	[32]
設計監理・不動産サービス事業	1,470	[1,532]
その他の事業	464	[45]
全社（共通）	347	[78]
合計	10,655	[6,975]

（注）従業員数は就業人員であり，臨時従業員数は［ ］内に国内年間平均人員を外数で記載しております。

(2) 提出会社の状況 ···

2023年3月31日現在

従業員数	平均年齢	平均勤続年数	平均年間給与
1,091人 ［ 179人］	40歳 2か月	14年 0か月	12,463,090円

セグメントの名称	従業員数（人）	
コマーシャル不動産事業	586	[79]
住宅事業	59	[9]
海外事業	19	[3]
投資マネジメント事業	15	[1]
その他の事業	65	[9]
全社（共通）	347	[78]
合計	1,091	[179]

（注）1. 従業員数は就業人員であり，当社から社外への出向者を除き，社外から当社への出向者を含みます。
　　　　臨時従業員数は［ ］内に年間の平均人員を外数で記載しております。
　　　2. 平均年間給与は，賞与及び基準外賃金を含んでおります。

(3) 労働組合の状況 ‥‥‥‥‥‥‥‥‥‥‥‥‥‥‥‥‥‥‥‥‥‥‥‥‥‥‥‥‥‥

当社（800名）及び一部米国連結子会社（100名）にはそれぞれ労働組合が組織されておりますが，労使関係は円満に推移しており，特記すべき事項はありません。

なお，（ ）内は2023年3月31日現在（一部米国連結子会社は2022年12月31日現在）の組合員数であります。

事業の状況

1 経営方針，経営環境及び対処すべき課題等

(1) 会社の経営の基本方針 ‥‥‥‥‥‥‥‥‥‥‥‥‥‥‥‥‥‥‥‥‥‥‥‥‥‥

当社グループは，「まちづくりを通じて社会に貢献する」という基本使命のもと，「人を，想う力。街を，想う力。」というブランドスローガンを掲げ，企業グループとしての成長と，様々なステークホルダーとの共生とを高度にバランスさせながら，「真の企業価値の向上」を目指しています。

(2) 中長期的な経営戦略，目標とする経営指標及び会社の対処すべき課題 ‥‥‥

当不動産業界においては，新型コロナウイルス感染症の影響が和らぐなか，各種経済対策の効果にも支えられて，市況が持ち直すことが期待されますが，世界的な金融引き締め等が続くなか，海外景気の下振れが我が国の景気を下押しし，持ち直しの動きが停滞する懸念もあります。オフィス賃貸市場においては，コロナ禍を経て，リアルなオフィスの価値を再評価する動きもあり，引き続き企業のオフィス戦略やワークスタイルの変化を注視していく必要があります。分譲マンション市場では，立地条件等による需要の二極化や顧客ニーズの多様化が進むことが想定されるなか，資材価格上昇等に伴う工事費の変動や金利動向が販売に与える影響等も注視していく必要があります。不動産投資市場においては，世界的な金融引締めによる影響に加え，地政学上のリスクも強く意識され，不透明感が一段と増しているものの，不動産への投資意欲が引き続き旺盛な投資家も見られるなど，今後の見方が分かれておりますが，景気の想定以上の下振れや金融環境

(point) **業績等の概要**

この項目では今期の売上や営業利益などの業績がどうだったのか，収益が伸びたあるいは減少した理由は何か，そして伸ばすためにどんなことを行ったかということがセグメントごとに分かる。現在，会社がどのようなビジネスを行っているのか最も分かりやすい箇所だと言える。

の急変といった事態にも留意しながら，今後の動向について慎重に見極めていく必要があります。商業施設やホテル市場においては，経済活動の再開や水際対策の緩和を受けて，国内需要に加えインバウンド需要も持ち直してきておりますが，今後の感染状況や経済情勢次第ではこうした持ち直しの動きに水を差される懸念があります。

また，ウクライナ情勢や欧米で発生した金融機関の信用不安などによって世界経済の不確実性が増すなか，海外の政策動向や経済情勢を踏まえた金融資本市場の動向にこれまで以上に留意する必要があります。当社グループといたしましては，2020年代の環境激変をチャンスに変えて持続的な価値を提供する企業グループに変革を続けていくために，2020年1月に，2030年までを見据えた「長期経営計画2030」を策定しました。

長期経営計画を通じて，「幅広いお客様により深く価値を届けるための事業機会の最大化」と「上場企業に求められる高効率で市況変化に強いポートフォリオへの変革」を目指し，丸の内を中心とする国内の大型開発パイプラインの着実な推進を図るとともに，海外事業においては開発事業へのシフトとアジア新興国への注力を進めていきます。あわせて，ノンアセットビジネスの拡大とサービス・コンテンツ領域への進出を通じ，新たな全社における利益成長の柱にするとともに，全社資産効率の改善に向けたドライバーとすることを目指していきます。

なお，本項における将来に関する事項は，当連結会計年度末現在において当社グループが判断したものであります。

○　各機能グループ及び事業グループとコーポレートの戦略

・コマーシャル不動産事業

　　開発中プロジェクトの順次稼働による賃貸利益の伸長を実現すると共に，丸の内NEXTステージ戦略に基づいて個人のクオリティオブライフ向上と社会的課題の発見・解決を生み出すまちづくりの推進を図ります。

・住宅事業

　　国内分譲事業を着実に推進する一方で，ストックビジネス領域において多様化するニーズにも対応し，管理・リフォームなどのフィービジネスにも注力します。

(point) **長期契約の多さが収益回復遅れの要因に**

　　今後は大手町1-1計画を初めとする大型の開発プロジェクトの竣工により，ビル事業の増益ペースは徐々に加速するだろう。しかし，ここ数年はオフィス賃貸の収益回復の遅れにより，競合と比べて厳しい評価があった。これは他社と比べて長めのテナントとの賃貸借契約構造に一因があるだろう。三菱地所の場合，契約期間が主として5

・海外事業

　米国，欧州，アジアエリアにおける開発・バリューアド投資機会の拡充と，新興国における開発主導案件の積極拡大を展開します。

・投資マネジメント事業

　日・米・欧・アジアにプラットフォームを広げ，クロスボーダーな投資ニーズの拡大を背景とした持続的な拡大を図ります。

・設計監理事業

　大規模設計監理業務の継続受注を進めるほか，コンストラクションマネジメント等のコンサルティング業務及びリノベーション業務等の成長分野と海外事業を強化し，あわせて三菱地所グループ技術支援を推進します。

・不動産サービス事業

　幅広いサービスメニューと全国に広がる支店網，三菱地所グループの総合力を活用し，法人仲介・不動産コンサルティングのトップ企業を目指します。

・営業機能

　グループ全体の営業窓口として，顧客企業とのリレーション強化並びに顧客ニーズに対応した企業提案や中長期的な開発案件，事業連携等の事業機会創出を図ります。

・新事業創出機能

　全社横断的な新事業創出機能並びにIT施策を担い，ベンチャービジネス等への出資やグループ内における新事業創出の取組み，デジタルを活用した顧客体験の提供やデータ利活用の高度化を通じて，ビジネスモデル革新とDX推進を図ります。

・コーポレート

　わが国におけるESGの先進企業としての地位を確立し，ステークホルダーとの共生と長期的な企業価値向上を目指します。

　計数目標は次のとおりです。当社グループとしては，丸の内エリアの優位性や各事業領域における当社グループの強み・ノウハウを発揮することで着実な利益の拡大を図ります。

＜経営指標／長期経営計画2030ベース（2020年1月公表）＞

年の定期借家契約が，全国ベースで8割程度ある。競合他社の賃貸借契約は通常2年など契約期間は短い。

		2022年度 実績	長計目標 (2020年1月公表)	2023年度 業績予想
計数目標	ROA (事業利益／総資産)	4.4%	5.0%	3.8%
	(参考) 事業利益 *1	2,969億円	3,500～4,000億円	2,643億円
	ROE	7.9%	10.0%	7.7%
	EPS	125.54円	200円	130.08円

(注) ＊1．事業利益＝営業利益＋持分法投資損益

2 サステナビリティに関する考え方及び取組

　当社グループは，三菱グループの経営理念である「三菱三綱領」に基づき，基本使命において「住み・働き・憩う方々に満足いただける，地球環境にも配慮した魅力あふれるまちづくりを通じて，真に価値ある社会の実現に貢献します。」と謳っております。この基本使命に基づき，当社グループは130年以上にわたって，丸の内エリアの開発を手掛け，その活気と賑わいを大手町や有楽町へ，さらに国内外へと拡大してきました。

　昨今，2015年のパリ協定の発効，SDGsの採択などを契機に，気候変動・サステナビリティに関する企業に対する社会的な要請が高まっており，サステナビリティを前提とした事業・ビジネスモデルの変革が必要不可欠となっております。

　このような状況を受け，サステナビリティの観点を，より一層経営や事業活動に組み込むため，2018年度に全社横断でワーキングを実施し，SDGsの観点で当社グループが注力すべきテーマを，7つのマテリアリティ（サステナビリティ経営上の重要課題）として新たに特定いたしました。

　また，2020年1月に公表した「長期経営計画2030」（※1）においては，社会価値向上戦略と株主価値向上戦略の両輪を経営の根幹に据えており，価値提供の視点として，「サステナビリティ」を掲げ，あらゆるステークホルダーへの価値提供を重視する姿勢を打ち出しております。

　さらに，これらの考えをより具体化すべく，2020年1月に公表した「三菱地所グループのSustainable Development Goals 2030（以下，2030年目標）」（※2）では，マテリアリティも踏まえたサステナビリティの観点からグループ全体で重点的に取り組むべき4つのテーマを特定し，あわせて2030年時点における達成目標と各テーマのアクション

　プラン案を整理いたしました（図1）。

---

point マンション分譲の影響が大きい住宅事業

　　住宅事業の利益は，マンション分譲の変動の影響が大きい。そのほかの分野は建売住宅の建設，販売，賃貸，住宅の管理，住宅建築工事の請負，ニュータウンの開発，ゴルフ場の経営など。2011年に藤和不動産と合体した三菱地所レジデンスはマンション，建売住宅の建設，販売などを行っている。

※1（参考／長期経営計画2030資料）https://www.mec.co.jp/assets/img/plan2030/plan200124.pdf
※2（参考／2030年目標HP掲載内容）https://mec.disclosure.site/j/sustainability/goals/

図1　2030年目標／Sustainability Vision2050

Sustainability Vision 2050

Be the Ecosystem Engineers

私たちは、立場の異なるあらゆる主体（個人・企業他）が、
経済・環境・社会の全ての面で、持続的に共生関係を構築できる場と仕組み（＝エコシステム）を、
提供する企業（＝エンジニアズ）であることを目指します。

三菱地所グループの

Sustainable Development Goals 2030

三菱地所グループは、サステナブルな社会の実現に向けて、
「Environment」「Diversity & Inclusion」「Innovation」「Resilience」
の4つの重要テーマについて、
より幅広いステークホルダーに、より深い価値を提供します。

1. Environment
気候変動や環境課題に積極的に
取り組む持続可能なまちづくり

2. Diversity & Inclusion
暮らし方の変化と人材の変化に対応し
あらゆる方々が活躍できるまちづくり

3. Innovation
新たな世界を生み出し続ける
革新的なまちづくり

4. Resilience
安全安心に配慮し災害に対応する
強靭でしなやかなまちづくり

三菱地所グループのマテリアリティ（サステナビリティ経営上の重要課題）

グローバリティ　環境　コミュニティ　ダイバーシティ　デジタル革新　少子高齢化　ストックの有効活用

---

point **新興国進出は合弁中心でリスクを低減**

　海外事業で当社が既に豊富な実績を有しているエリアでは単独事業が中心だが，中国・シンガポール・タイなどのアジア諸国においては実績のある地元企業との合弁で，出資比率も小さいケースが多い。アジアでの事業展開は実績に乏しいため原則，地元企業との合弁で開発リスクを最小限に抑える方針を貫いているようだ。

（1） ガバナンス ....

■ 体制概要

　当社グループでは，「三菱地所グループサステナビリティ規定」において，気候変動を含むサステナビリティ推進活動に関する事項を定めております。三菱地所（株）執行役社長を委員長，サステナビリティ統括責任者（三菱地所（株）サステナビリティ推進部担当役員）を副委員長とする「サステナビリティ委員会」（原則，年2回開催）では，気候変動をはじめとするサステナビリティに関する重要事項の審議・報告を行い，それに先立ち「サステナビリティ協議会」において事前協議・報告，事業グループ等におけるサステナビリティ推進活動に関する情報の集約を行っております（図2）。なお，「サステナビリティ委員会」の審議事項は，内容の重要度等に鑑み，必要に応じて「経営会議」への付議がなされ，「サステナビリティ委員会」での審議・報告事項については，取締役会にて報告され，監督される体制となっております。

　また，「サステナビリティ委員会」で承認された方針・計画の実行に当たっては，「サステナビリティ統括責任者」のもと，三菱地所（株）各部・三菱地所グループ各社の「サステナビリティ推進責任者，担当者」，「サステナビリティ推進事務局（三菱地所（株）サステナビリティ推進部）」を中心に具体的な活動・検討を進めております。

■ サステナビリティ委員会開催実績・議題

　当社ホームページにて詳細開示しています。以下よりご覧ください。

https://mec.disclosure.site/j/sustainability/management/promotion/

図2　三菱地所グループ　サステナビリティ推進体制

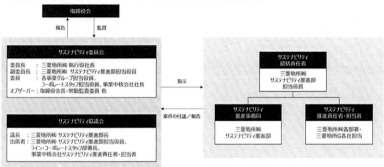

(2)　戦略 ···

①　サステナビリティに関する戦略

　サステナビリティの観点からグループ全体で重点的に取り組むべき4つのテーマである「Environment」・「Diversity & Inclusion」・「Innovation」・「Resilience」について外部環境の変化を予測し，リスク・機会を特定いたしました。

4つのテーマ	機会	リスク	対応する主な取り組み
Environment	・環境負荷が小さい不動産の取得・賃借ニーズの増加 ・既存ストックの有効活用による、解体・建て替えスパンの長期化に伴う廃棄物削減	・環境負荷が小さい不動産取得・賃借ニーズが増加する中、対応が遅れる場合の空室率増加、成約率や販売価格の低下 ・環境規制の強化による新規不動産開発、改修工事基準の厳格化に伴う対策費用の増加	・SBTiの「ネットゼロ新基準（The Net-Zero Standard）」に沿った、目標を設定し、目標達成に向けた取り組みを実施 ・RE100に加盟をし、2025年度までにグループ全体でRE100達成を目指した取り組みを実施

4つのテーマ	機会	リスク	対応する主な取り組み
Diversity & Inclusion	・ 海外の方のニーズに対応した施設・サービスの需要増加 ・ 外国人労働者受け入れによる労働力不足の解消 ・ テレワークの加速やフリーランスの増加など多様な生活スタイルや就業・消費スタイルに対応した施設・サービス需要の増加 ・ 人口動態の変化に伴う新たなニーズに対応した施設・サービスの需要増加 ・ バリアフリー等ユニバーサルデザインに対応した施設・サービスへのニーズの増加	・ サプライチェーンマネジメントをはじめとしたカントリーリスク・コンプライアンスリスクの増加 ・ ダイバーシティへの対応が不足している施設・サービスの需要低下 ・ 人口動態の変化（労働人口の減少等）に伴う施設・サービスの需要低下 ・ バリアフリー等ユニバーサルデザインに対応した施設・サービスへのニーズの増加する中、対応が遅れる場合の利用者の減少及び空室率増加	・ 多様な生活スタイルや就業スタイルに対応した施設の開発やサービスの提供 ・ サプライヤー行動規範を策定し、サプライヤーの遵守状況を確認するため、ヒアリングシート調査を実施
Innovation	・ 技術革新、普及に伴う環境対策・投資費用の低減 ・ ITやロボットを活用した、施設運営の効率化・利便性向上 ・ スマートコミュニティ、ハウス、オフィスの開発機会、ニーズの増加	・ IT化・デジタル革新への対応が遅れることによる、施設・サービスの需要低下 ・ スマートコミュニティ、ハウス、オフィスの開発機会、ニーズの増加が高まる中、対応が遅れることによる機会損失 ・ eコマース等のオンライン売買の進展に伴う、実店舗・サービスに対するニーズの減少	・ インキュベーションオフィスを運営 ・ 先端技術・テクノロジー・ロボットの活用 ・ スタートアップ企業やベンチャーキャピタル等への出資による新規ビジネスの創出
Resilience	・ 気候変動に伴う災害（都市水害など）への対応力が高い不動産の取得・賃借ニーズの増加 ・ 地震等の災害への対応力が高い不動産の取得・賃借ニーズの増加	・ 気候変動に伴う災害（都市水害等）の激甚化・増加による資産価値減少、維持・対策費用の増加 ・ 地震等の災害発生による資産価値の減少、維持・対策費用の増加 ・ 老朽化に伴う改修費用、災害対策コストの増加	・ 防災・減災に向けた体制構築 ・ ハード・ソフト両面における防災まちづくりを重視

※当社は2020年2月にTCFD提言への賛同の表明し，TCFDが提言する情報開示フレームワーク（気候変動のリスク・機会に関するガバナンス，戦略，リスク管理，指標と目標）に沿った開示を行っております。気候変動に関するシナリオ分析は，以下よりご覧ください。

https://mec.disclosure.site/j/sustainability/activities/environment/tcfd/pdf/TCFD_Recommendations.pdf

② 人的資本に関する戦略

　当社グループの求める人財像である５つの要素を高めながら，「長期経営計画2030」の達成に向けて，超長期的視点と時代を先取りするDNAを活かして協業

---

point 生産及び販売の状況

　生産高よりも販売高の金額の方が大きい場合は，作った分よりも売れていることを意味するので，景気が良い，あるいは会社のビジネスがうまくいっていると言えるケースが多い。逆に販売額の方が小さい場合は製品が売れなく，在庫が増えて景気が悪くなっていると言える場合がある。

による強みの掛け算を生み出していく役割及び高い専門性によって価値創出していく役割を発揮できる人財を育成していくことを，人財育成の方針として掲げております。

当社グループでは，社員は企業にとっての重要な経営資源であるとの認識のもと，「人材」ではなく「人財」という表現を用いております。

■ 5つの要素を高めていくこと

当社グループでは，求める人財像を下記5つの要素を備えた人物であると定義しております。

当社従業員は，ビジネスの状況や一人ひとりのキャリア志向に応じて多様な役割を担いますが，5つの要素は全従業員に普遍的に求めるものとしております。そのため，採用・育成に当たっては，この5つの要素を重視しております。

なお，5つの要素は当社グループ全従業員に対して求めるものであり，グループ各社の人財育成方針のベース・基盤としてあるものです。

5つの要素	定義	求める力
「志」ある人	成し遂げたい姿や状態を描き、それを実現していく強い意志と行動力を備えた人	ビジョン構築・浸透力、覚悟・胆力
「現場力・仕事力」のある人	自身の担当領域や不動産全般の「プロ」として知識・スキルを研鑽し、業務を推進できる力を持つ人	目利き力、顧客志向、仕事推進力、生産性、リスク対応力、知識・スキル
「誠実・公正」である人	高い倫理観を持ち、誠実かつ公正に行動し、周囲と良好な関係を築く姿勢を持つ人	オープンマインド、倫理観
「組織」で戦える人	組織としての競争力を高めるために人財育成やマネジメントを行う力のある人	育成力、チームワーク、マネジメント力
「変革」を起こす人	前例や慣例にとらわれず、失敗を恐れずにチャレンジ精神を持って行動する姿勢を持つ人	チャレンジ志向・イノベーション

■ 長期経営計画2030の達成のために人財に求める2つの役割

（ア）超長期的視点と時代を先取りするDNAを活かし，協業による強みの掛け算を生み出していくこと

当社グループのビジネスモデルの特徴は，まちづくりという長期的な事業において，社内外の膨大なネットワークとの協業によって新しい価値を生み出していくことです。

(point) 対処すべき課題

有報のなかで最も重要であり注目すべき項目。今，事業のなかで何かしら問題があればそれに対してどんな対策があるのか，上手くいっている部分をどう伸ばしていくのかなどの重要なヒントを得ることができる。また今後の成長に向けた技術開発の方向性や，新規事業の戦略についての理解を深めることができる。

当社グループの強みである超長期的視点と時代を先取りするDNAを活かしながら，社内外のネットワークを活用することで「新しい視点からの課題の発見」や「協業による強みの掛け算」を生み出すために，慣例にとらわれずチャレンジ精神を持って行動する役割が求められます。

当社ではその役割をサポートする施策を整備しております。

（イ）　高い専門性によって価値創出していくこと

「長期経営計画2030」の達成に向けては，国内の大型開発の着実な推進に加え，海外事業の強化やノンアセットビジネスの拡大とサービス・コンテンツ領域への進出を推進し，各領域における高い専門性を持った人財が新しい価値創出に向けて事業をドライブしていくことが必要だと考えております。このことを踏まえ，各領域の専門人財の採用強化に加え，社員一人ひとりが必要な専門性を獲得・深化できる施策を整備しております。

（3）　リスク管理

当社グループでは，「三菱地所グループリスクマネジメント規程」を制定し，すべての事業活動を対象にリスクマネジメント体制を整備，運用しております。当社グループのリスクマネジメントを統括する機関として，三菱地所（株）執行役社長を委員長，各事業グループ及びコーポレートスタッフの担当役員等をメンバーとする「リスク・コンプライアンス委員会」を，またリスクマネジメントに関する情報の集約など，実務的な合議体として「リスク・コンプライアンス協議会」をそれぞれ位置付けるほか，取締役会の決議により任命されたリスクマネジメント担当役員を統括責任者として，ラインスタッフ部署，コーポレートスタッフ部署，DX推進部並びにグループ各社に責任者を置き，それを推進事務局である法務・コンプライアンス部が支援する形でリスクマネジメント活動を推進しております。また，緊急事態発生時の行動指針や連絡・初動体制，事業継続計画等についても整備，運用しております。

毎年実施するリスク分析において，気候変動関連リスクを含む事業活動全般に関するリスクについて評価・分析し，その分析結果を踏まえ，前述の「リスク・コンプライアンス委員会」において，事業活動全般への影響度を踏まえた三菱地

(point) **無視できない品川地区の利便性向上**

長期的には丸の内以外にも積極的に展開せざるを得ないだろう。リニア中央新幹線の完成によって，今後は始発駅に決定している品川駅が最も交通アクセスが便利な駅になり，成田空港，羽田空港，名古屋・大阪へ乗り換えなしで行けるようになる。丸の内は不便な街になりオフィスエリアとしての地位が低下する懸念がある。

所グループとしての重点リスクを審議し，その対策をモニタリングしております。

　また，以下2つの活動を柱に，リスクマネジメントを推進しております。

① 個別重点リスクマネジメント活動（＝各事業，機能グループ・グループ各社における個別リスクマネジメント活動の推進）

　各事業，機能グループ・グループ各社において，リスク分析の上，重点的なリスク（個別重点リスク）を選定し，対応する活動を毎年実施しております。ラインスタッフ部署はそれぞれの事業グループが所管するグループ各社のリスクマネジメントの推進状況を把握し，連携・支援を実施しております。

② 重点対策リスクマネジメント活動（＝当社グループとして特に注力すべき重点対策リスクの抽出とモニタリング）

　当社グループ全体のリスクを的確に把握し，重点的に対策を講じる必要があるリスクを抽出・マッピングすることで注力すべきリスクとそのプライオリティを可視化しております。また，年間を通じて特に重要なリスク（重点対策リスク）を中心にモニタリングするとともに，必要に応じて支援を実施しております。

　リスク管理の具体的な方策として，「2030年目標」で掲げる4つのテーマ（① Environment ②Diversity & Inclusion ③Innovation ④Resilience）に関する取り組み目標を，2020年度より組織・機能ごとの年次計画に盛り込む運用とし，その達成状況をモニタリングすることにより，気候変動をはじめとするサステナビリティに関するリスク管理体制の強化に寄与するものと考えております。

　なお，ESGに関する取り組みの達成状況は，役員報酬の定性評価項目の一つに位置付けられております。

　また，「2030年目標」に対する進捗状況については，「サステナビリティ委員会」にて原則年2回報告が行われ，定期的にモニタリングがなされます。また，年次計画の策定に係る事項は「取締役会」の審議事項であり，2030年時点における目標達成に向けたアクションプランの妥当性等を中心に監督される体制となっております。今後，「2030年目標」に向けた取り組みを加速させるため，組織別・機能別の目標やアクションプランの更なる具体化・深化を図っていきたいと考えております。

(point) 3つの逆風に直面する住宅事業

　住宅事業のリスクは建築費・地価上昇だろう。建築費に関しては，鉄筋コンクリート構造物（20階建未満のマンション等の中心的な構造形式）建設に必要な鉄筋工・型枠工などの職人が不足しており，労務費は上昇傾向にある。また，地価についてもマンション用地取得競争の激化で上昇傾向にあり，コスト上昇圧力が顕著だ。

(4) 指標及び目標 ·······························

① サステナビリティに関する指標及び目標

　当社グループは2030年目標の達成に向け，グループ全体で重点的に取り組むべき4つのテーマである「Environment」・「Diversity&Inclusion」・「Innovation」・「Resilience」について以下のKPIを策定し，取り組みを進めております。

Environment	気候変動	CO2等の温室効果ガス排出量（*1） （2022年6月「SBTi」よりSBTネットゼロ認定取得）	2019年度総排出量に対して、 ・2030年度までに、Scope1＋2を70%以上、Scope3を50%以上削減 ・2050年度までに「ネットゼロ」達成 （Scope1, 2, 3いずれも90%以上削減。残余排出量は中和化 *2）
		再生可能エネルギー由来の電力比率	2025年度までにグループ全体で100%達成を目指す
	廃棄物	m³当たりの廃棄物排出量	2030年までに2019年度比20%削減 （2019年度実績：7.1kg/m²）
		廃棄物再利用率	2030年までに90%
Diversity & Inclusion	ダイバーシティ	女性管理職比率	・2030年度までに20%超 ・2040年度までに30% ・2050年度までに40%
		新卒における女性社員採用比率	毎年度40%以上
		中途採用における女性社員採用比率	毎年度40%以上
		男性の育児休業取得率 （対象年度中に配偶者が出産し、出産年度に関わらず同年度中に育休を開始した社員の割合）	・2030年度まで毎年100%以上を維持
		女性の育児休業取得率	2030年度まで毎年100%
		産休・育休後の復職率	2030年度まで毎年100%
	人権	持続可能性に配慮した調達コードと同等の木材（認証材及び国産材）の利用比率	2030年度までに100%
	健康経営	メタボハイリスク層の割合　（40歳以上） （定期健康診断において、生活習慣病の判定に影響する項目の何れかが、医療機関受診推奨値を超えた人の割合）	・2025年度までに25.6% ・2030年度までに14.8% （全国平均相当、2019年度割合比で約60%改善）
		健康層の割合（40歳以上） （定期健康診断において、生活習慣病の判定に影響する項目の全てが正常値の範囲内の人の割合）	・2025年度までに20.85% ・2030年度までに32.8% （全国平均相当、2019年度割合比で約370%改善）
		がん検診の実施率	2021〜2030年度まで毎年90%
		高ストレス者	2021〜2030年度まで毎年10%以下を維持（全国平均相当：10%）
Innovation	—	ビジネスモデルを革新しパフォーマンスを最大化	—
	—	まちづくりの視点から新たな発想やビジネスの創出をサポートし、都市・産業の成長に貢献する	—
Resilience	防災対応	救命講習資格保有率	2030年度まで毎年100%
		防災訓練の実施	—
		帰宅困難者受入施設割合	—

(point) **オフィス街から複合都市に進化する丸の内**

　丸の内，大手町で単にビルを建て替えるのではなく，そこにさまざまな機能を持たせる必要がある。かつての丸の内には，オフィス機能しかなかった。それが今では商業施設があり，病院も出来た。星野リゾートが温泉を備えた高級旅館を展開するなど，その機能はさらに広がっていく。ただ唯一欠けている機能が「住む」ということであっ

支配力基準に基づき，対象組織を選定しております。三菱地所グループの所有権及び信託受益権が50％未満の物件は，原則データ算定対象外です。

＊2．2050年段階で三菱地所グループのバリューチェーン内で削減できない排出量を「残余排出量」といい，バリューチェーンの外で森林由来吸収や炭素除去技術等を活用して「中和（Neutralization）」することで，ネットゼロとするのがSBT基準に基づく考え方です。

各KPIの実績については，以下よりご覧ください。

https://mec.disclosure.site/j/sustainability/activities/esg-data/environment/

https://mec.disclosure.site/j/sustainability/activities/esg-data/social/

② 人的資本に関する指標及び目標

当社グループでは，人財・働き方の多様性に配慮することや人権を尊重することは，経営や事業を行う上で重要な課題であるとの認識から，「三菱地所グループ行動指針」において，「人権・ダイバーシティの尊重」「一人ひとりの活躍」を掲げ，その着実な実践に向け，取り組みを推進しております。当社グループでは，多様性確保のため，国籍，性別，年齢，新卒・キャリア採用等に偏りのない従業員構成を目指し，その多様な価値観・意見を心理的安全性のもとに自由に表明できる環境を整える「オピニオンダイバーシティ」を推進しております。多様性の一つの指標として，性別（ジェンダー）に関する指標及び目標を設定しております。

当社の当該指標に関する目標は「①サステナビリティに関する指標及び目標」表内の「Diversity & Inclusion」ダイバーシティ項目，実績は「第1　企業の概況　5　従業員の状況（4）管理職に占める女性労働者の割合，男性労働者の育児休業取得率及び労働者の男女の賃金の差異　①提出会社　I．女性管理職比率・男性の育児休業取得率・男女間賃金差異」に記載のとおりであります。

3　事業等のリスク

当社グループの経営成績，株価及び財政状態等に影響を及ぼす可能性のあるリスクについて，主な事項を記載しております。また，必ずしもそのようなリスク要因に該当しない事項についても，投資家の皆様の投資判断上，重要であると考えられる事項につきましては，投資家の皆様に対する積極的な情報開示の観点から以下に開示しております。なお，当社グループは，これらのリスク発生の可能性を認識した上で，発生の回避及び発生した場合の対応に努める所存であります。本項における将来に関する事項は，当連結会計年度末現在において当社グループ

た。これも「大手町1-1」プロジェクトでそれが加わることになる。サービスアパートメントを同プロジェクトに加えるからだ。「丸の内」は常に進化，新たな展開を迎えることになる。

が判断したものであります。

（1） 自然災害，人災等によるリスク

国内外を問わず，地震，暴風雨，洪水その他の自然災害，及び事故，火災，戦争，暴動，テロその他の人災等が発生した場合に備え，当社グループでは，商業施設，ホテル，空港等をはじめとした当社グループが所有もしくは運営する施設において，当該事象発生時のBCP対応に取り組んでおります。しかし，当該事象の緊急度合によっては事業中断をせざるを得ない場合があります。また，新型コロナウイルス感染症の影響や，近年の台風等の自然災害の増加を受け，当該事象発生時の対応について社会的関心が高まるなか，万一，当社グループが取り得る適切な対応に不備があった場合，安全管理リスクやレピュテーションリスク等が顕在化し，当社グループの事業推進，業績に影響が及ぶおそれがあります。

（2） 不動産市況悪化のリスク

国内外の要因により景気が悪化し，それに合わせて不動産市況が悪化する場合には，当社グループの業績に悪影響を与えるおそれがあります。その場合には，特に東京の賃貸オフィス市場の空室率及び分譲マンション市場の販売状況及び，複合開発計画や再開発計画等については開発期間が長期にわたり大規模な投資を伴う傾向にあるため，進捗状況に注意を要するものと思われます。

（3） 建物の安全管理及び品質管理，工程管理に関するリスク

当社グループでは，運営施設及び工事中物件について，各種安全管理及び品質管理，工程管理を徹底し取り進めておりますが，万一，当該取り組みや対応に不備があった場合，人身事故の発生や，商業施設やホテル，高齢者向施設，空港等における火災や食中毒等の発生，住宅等をはじめとした顧客からの信用喪失等に繋がり，当社グループの業績等に影響が及ぶおそれがあります。

（4） 資材価格の高騰リスク

国内外の要因により原材料ならびに原油価格の高騰に伴い資材価格が上昇した場合には，不動産開発事業において必ずしも増加コスト分を販売価格や賃料に反

(point) 規制緩和でエリア間競争が激化

2002年の都市再生特別措置法により行政側の手続きが簡素化，公的機関からの無利子融資の利用が可能になった。これにより再開発が活発化，数多くのオフィス街が完成しエリア間の競争が激化した。新しく生まれ変わるエリアの価値は上昇するが，既にオフィスエリアとして完成している丸の内から他のエリアへの需要が移動した。

映することが出来ず，当社グループの業績に悪影響を与えるおそれがあります。

（5） 為替レート変動のリスク …………………………………………………

　当社グループの業務は為替レートの変動の影響を受けます。円が上昇した場合，外貨建て取引の円貨換算額は目減りすることになります。さらに，当社グループの資産及び負債の一部の項目は，連結財務諸表の作成のために円換算されております。これらの項目は元の現地通貨における価値が変わらなかったとしても，円換算後の価値が影響を受ける可能性があります。

（6） 金利上昇のリスク …………………………………………………………

　日本銀行は，金融市場の信用収縮や世界的な景気後退への対応策として，長短金利操作付き量的・質的金融緩和を実施しておりますが，当該政策の変更や，国債増発に伴う需給バランスの悪化による金利の上昇等により，当社グループの業績や財政状態に影響が及ぶおそれがあります。

（7） 個人情報等の漏洩を含むサイバー攻撃等情報セキュリティリスク …………

　当社グループでは国内外を問わず，各事業において個人情報をはじめとする多くの機密情報を取り扱っております。これらの機密情報に関しては，「個人情報の保護に関する法律」をはじめ，関連する諸法令の遵守と適正な取扱いの確保に努めておりますが，サイバー攻撃・ウイルス感染等による情報セキュリティインシデント発生等，万一，機密情報が外部へ漏洩した場合やシステムリスクが顕在化した場合には，当社グループの業績に影響が及ぶおそれがあります。

（8） 株価下落のリスク …………………………………………………………

　当社グループは上場及び非上場の株式を保有しております。全般的かつ大幅な株価下落が生じる場合には，保有有価証券に減損または評価差損が発生し，当社グループの業績に影響を与えるおそれがあります。

（9） 人事労務管理リスク ………………………………………………………

　当社グループでは適正な労務管理に向けた取り組みの推進やハラスメント撲滅

(point) **家計所得の横ばいが分譲マンション市場の懸念材料**

　　分譲マンション市場は月次の契約率や販売動向の数字は堅調に推移しており，マンション価格が上昇傾向にあるが，一方で家計所得は殆ど増えていない。住宅金利は史上最低水準にあり，現状は需要を下支えしているものの，今後物件価格の上昇が更に続いたり，住宅金利が上昇に転じたりすると需要に影響がでる可能性がある。

に向けた取り組みの推進，ダイバーシティ推進に努めておりますが，万一，各種規制順守や適切な対応に不備があった場合，当社グループの業務遂行等に悪影響が及ぶおそれがあります。また，「長期経営計画2030」における事業戦略として，特にアジア圏を中心に海外事業の更なる拡大を見据えており，各海外現地法人では現地採用社員の割合は増加する想定であり，従前以上に現地法人社員のマネジメントが重要であると考えております。

（10） サステナビリティ経営上の重要課題の認識とリスク

当社グループでは，当社グループを取り巻く環境の変化に関して，経営上の重要課題であるマテリアリティ及び，それに伴う機会とリスクを特定しております。これらのリスクが顕在化した場合には，中長期的に当社グループの業績に影響が及ぶおそれがあります。

マテリアリティ	主な機会	主なリスク
環境	環境負荷が小さく、自然災害に強い不動産開発・運営ニーズの増加	環境規制の厳格化による開発機会の減少
グローバリティ	外国人利用に対応した施設開発・運営ニーズの増加	サプライチェーンマネジメントをはじめとしたカントリーリスク、コンプライアンスリスクの増加
コミュニティ	テロや犯罪に対するセキュリティが強い不動産開発・運営ニーズの増加	建物老朽化・空き家増加による治安悪化
ダイバーシティ	多様な生活スタイルや就業・消費スタイル等に対応した施設・サービス需要の増加	テレワーク等多様な働き方拡大に伴うオフィスニーズの変化
少子高齢化	高齢者向け不動産の開発・運営ニーズの増加	労働人口の減少によるオフィスニーズの変化世帯数減少による新築分譲ニーズの変化
ストック活用	大都市における再開発・リノベーション及び既存ストック利用ニーズの増加	新築分譲ニーズ変化
デジタル革新	スマートコミュニティ、ハウス、オフィスへの活用の可能性	リアルな不動産施設に対するニーズの低下

4 経営者による財政状態，経営成績及びキャッシュ・フローの状況の分析

（1） 経営成績等の状況の概要

① 財政状態及び経営成績の状況

当連結会計年度の業績は，営業収益が1,377,827百万円で前連結会計年度に比べ28,337百万円の増収（＋2.1％），営業利益は296,702百万円で17,724百万円の増益（＋6.4％），経常利益は271,819百万円で18,108百万円の増益（＋7.1％）となりました。

特別損益につきましては，前連結会計年度において固定資産売却益6,781百万

(point) 事業等のリスク

「対処すべき課題」の次に重要な項目。新規参入により長期的に価格競争が激しくなり企業の体力が奪われるようなことがあるため，その事業がどの程度参入障壁が高く安定したビジネスなのかなど考えるきっかけになる。また，規制や法律，訴訟なども企業によっては大きな問題になる可能性があるため，注意深く読む必要がある。

円，投資有価証券売却益7,987百万円，関係会社株式売却益1,843百万円，環境対策引当金戻入益3,576百万円の計20,189百万円を特別利益に，固定資産除却関連損16,254百万円，減損損失3,866百万円の計20,120百万円を特別損失に計上したのに対して，当連結会計年度においては，固定資産売却益8,921百万円，投資有価証券売却益3,303百万円の計12,224百万円を特別利益に，固定資産除却関連損17,741百万円，関係会社株式評価損2,599百万円，減損損失3,535百万円，エクイティ出資評価損7,264百万円の計31,141百万円を特別損失に計上しております。

この結果，税金等調整前当期純利益は252,902百万円となり，親会社株主に帰属する当期純利益は前連結会計年度に比べ10,171百万円増益（＋6.6%）の165,343百万円となりました。

当連結会計年度の業績及び各セグメントの業績は次のとおりであります。

（単位：百万円）

区分	前連結会計年度	当連結会計年度	増減
営業収益	1,349,489	1,377,827	28,337
営業利益	278,977	296,702	17,724
経常利益	253,710	271,819	18,108
親会社株主に帰属する当期純利益	155,171	165,343	10,171

（単位：百万円）

	前連結会計年度		当連結会計年度	
	営業収益	営業利益又は営業損失（△）	営業収益	営業利益又は営業損失（△）
コマーシャル不動産事業	760,658	189,909	777,424	188,852
住宅事業	380,959	30,173	346,419	35,037
海外事業	121,234	55,816	176,130	89,400
投資マネジメント事業	46,702	26,537	35,878	8,054
設計監理・不動産サービス事業	57,780	2,802	60,774	4,176
その他の事業	10,134	△1,683	11,801	△2,121
調整額	△27,979	△24,578	△30,602	△26,696
合　計	1,349,489	278,977	1,377,827	296,702

（a） コマーシャル不動産事業

・当連結会計年度において，オフィスビルは，常盤橋タワー（TOKYOTORCH 東京駅前常盤橋プロジェクトＡ棟）の通期稼働による増収等があった一方で，主に既存ビル等における前連結会計年度計上の一時的な収入の反動減により，減収となりました。

なお，当社の2023年3月末の空室率は3.73％となっております。

・商業施設やホテルは，新型コロナウイルス感染症による各種制限が緩和された影響等により，増収となりました。

・この結果，当セグメントの営業収益は16,766百万円増収の777,424百万円となりましたが，営業利益は1,057百万円減益の188,852百万円となりました。

（単位：百万円）

摘　要		前連結会計年度		当連結会計年度	
		貸付面積	営業収益	貸付面積	営業収益
不動産賃貸	丸の内オフィス	（所有）1,360,974㎡ （転貸）404,672㎡	256,967	（所有）1,331,673㎡ （転貸）401,163㎡	253,525
	東京オフィス（丸の内以外）	（所有）602,738㎡ （転貸）897,046㎡	149,361	（所有）592,043㎡ （転貸）823,864㎡	145,827
	オフィス（東京以外）	（所有）595,315㎡ （転貸）289,964㎡	60,450	（所有）566,469㎡ （転貸）290,616㎡	61,914
	アウトレットモール	（店舗）334,488㎡	44,164	（店舗）362,408㎡	51,052
	その他	－	35,242	－	36,634
不動産販売		－	126,878	－	105,228
その他（注2）		－	87,593	－	123,240
合　計		－	760,658	－	777,424

（注）1. 営業収益には，セグメント間の内部営業収益又は振替高を含めております。

　　　3. その他には，建物運営管理受託収入，営繕請負工事収入，ホテル事業収入等が含まれております。

（b）　住宅事業

・国内分譲マンション事業の主な売上計上物件

「ザ・パークハウス高輪松ヶ丘」　　　　　　（東京都港区）

「ザ・パークハウス御苑内藤町」　　　　　　（東京都新宿区）

「ザ・パークハウス府中」　　　　　　　　　（東京都府中市）

「ザ・パークハウス新浦安マリンヴィラ」　　（千葉県浦安市）

(point) 財政状態，経営成績及びキャッシュ・フローの状況の分析

「事業等の概要」の内容などをこの項目で詳しく説明している場合があるため，この項目も非常に重要。自社が事業を行っている市場は今後も成長するのか，それは世界のどの地域なのか，今社会の流れはどうなっていて，それに対して売上を伸ばすために何をしているのか，収益を左右する費用はなにか，などとても有益な情報が多い。

「ザ・パークハウス名古屋」　　　　　　　　（愛知県名古屋市）

・当連結会計年度において，国内分譲マンション事業は，一戸当たりの販売単価は上昇したものの，売上計上戸数が減少したことにより減収となりました。一方で，その他の事業では賃貸マンションや有料老人ホーム等の収益用不動産の売却等により増収となりました。

・この結果，当セグメントの営業収益は34,540百万円減収の346,419百万円となりましたが，営業利益は4,863百万円増益の35,037百万円となりました。

（単位：百万円）

摘　　要	前連結会計年度		当連結会計年度	
	販売数量等	営業収益	販売数量等	営業収益
マンション	売上計上戸数　　　3,046戸	212,335	売上計上戸数　　　1,596戸	112,937
住宅管理業務受託	受託件数　　345,327件	56,664	受託件数　　344,867件	57,713
注文住宅	－	38,910	－	38,252
その他	－	73,049	－	137,517
合　　計	－	380,959	－	346,419

（注）1. 営業収益には，セグメント間の内部営業収益又は振替高を含めております。
　　　2. 他社との共同事業物件の売上計上戸数及び金額は当社持分によっております。

(c)　海外事業

・当連結会計年度においては，アジアは前連結会計年度に計上した物件売却の反動及び分譲マンション事業による売上計上戸数の減少等により減収となりましたが，米国は物件売却収入の増加及びオフィスビルの稼働率上昇等により，英国はオフィスビルの売却によりそれぞれ増収となりました。

・この結果，当セグメントの営業収益は54,896百万円増収の176,130百万円となり，営業利益は33,583百万円増益の89,400百万円となりました。

摘　要		前連結会計年度			当連結会計年度		
		貸付面積等		営業収益	貸付面積等		営業収益
不動産開発・賃貸	米国	貸付面積 管理受託面積	443,817㎡ 97,527㎡	90,169	貸付面積 管理受託面積	461,530㎡ 97,527㎡	117,499
	欧州	貸付面積	62,321㎡	3,828	貸付面積	59,254㎡	45,040
	アジア	貸付面積 売上計上戸数	58,757㎡ 1,634戸	26,722	貸付面積 売上計上戸数	8,436㎡ 1,171戸	10,392
その他		－		513	－		3,198
合　　計		－		121,234	－		176,130

(注) 営業収益には，セグメント間の内部営業収益又は振替高を含めております。

(d)　投資マネジメント事業

・当連結会計年度においては，米国で当社グループがアセットマネジメントを行うファンドが保有する資産の時価評価額の下落に伴い一過性のフィーが減少したこと等により，減収となりました。

・この結果，当セグメントの営業収益は10,824百万円減収の35,878百万円となり，営業利益は18,483百万円減益の8,054百万円となりました。

（単位：百万円）

摘　要	営　業　収　益	
	前連結会計年度	当連結会計年度
投資マネジメント	46,702	35,878
合　　計	46,702	35,878

(注) 営業収益には，セグメント間の内部営業収益又は振替高を含めております。

(e)　設計監理・不動産サービス事業

・（株）三菱地所設計において，2023年度着工予定の，「Torch Tower（TOKYO TORCH東京駅前常盤橋プロジェクトB棟）」等の設計監理業務等の収益を計上しました。

・当連結会計年度においては，設計監理収益は売上件数が減少したものの，1件当たりの金額が増加したこと等により増収となり，不動産仲介・駐車場運営管理は，新型コロナウイルス感染症による各種制限の緩和及び不動産仲介取扱件数の増加等により，増収となりました。

・この結果，当セグメントの営業収益は2,994百万円増収の60,774百万円とな

(point) **設備投資等の概要**

　　セグメントごとの設備投資額を公開している。多くの企業にとって設備投資は競争力向上・維持のために必要不可欠だ。企業は売上の数％など一定の水準を設定して毎年設備への投資を行う。半導体などのテクノロジー関連企業は装置産業であり，技術発展のスピードが速いため，常に多額の設備投資を行う宿命にある。

り，営業利益は1,374百万円増益の4,176百万円となりました。

（単位：百万円）

摘　要	前連結会計年度			当連結会計年度		
	売上件数等		営業収益	売上件数等		営業収益
設計監理	受注件数 売上件数	1,245件 1,284件	20,615	受注件数 売上件数	1,289件 1,238件	20,940
不動産仲介	取扱件数	1,118件	8,961	取扱件数	1,196件	10,394
駐車場運営管理	管理台数	58,418台	10,472	管理台数	61,004台	11,029
その他	－		17,730	－		18,409
合　計	－		57,780	－		60,774

（注）営業収益には，セグメント間の内部営業収益又は振替高を含めております。

② キャッシュ・フローの状況

当連結会計年度における連結ベースの現金及び現金同等物（以下「資金」という。）は，税金等調整前当期純利益，長期借入れ等による収入，有形固定資産の取得等による支出により，前連結会計年度末に比べ8,472百万円減少し，225,772百万円となりました。

（営業活動によるキャッシュ・フロー）

当連結会計年度における営業活動によるキャッシュ・フローは，269,914百万円の資金の増加（前連結会計年度比△10,175百万円）となりました。これは，税金等調整前当期純利益252,902百万円に非資金損益項目である減価償却費93,459百万円等を調整した資金の増加に対し，法人税等の支払又は還付等により資金が減少したことによるものであります。

（投資活動によるキャッシュ・フロー）

当連結会計年度における投資活動によるキャッシュ・フローは，312,046百万円の資金の減少（前連結会計年度比＋1,731百万円）となりました。これは有形固定資産の取得等によるものであります。

（財務活動によるキャッシュ・フロー）

当連結会計年度における財務活動によるキャッシュ・フローは，30,457百万円の資金の増加（前連結会計年度比△60,516百万円）となりました。これは長期借入れ，社債の発行等によるものであります。

---

point　主要な設備の状況

「設備投資等の概要」では各セグメントの1年間の設備投資金額のみの掲載だが，ここではより詳細に，現在セグメント別，または各子会社が保有している土地，建物，機械装置の金額が合計でどれくらいなのか知ることができる。

③ 生産，受注及び販売の実績

生産，受注及び販売の実績については，「① 財政状態及び経営成績の状況」における各セグメントの業績に関連付けて記載しております。

(2) 経営者の視点による経営成績等の状況に関する分析・検討内容 …………

経営者の視点による当社グループの経営成績等の状況に関する認識及び分析・検討内容は次のとおりです。

なお，本項における将来に関する事項は，当連結会計年度末現在において当社グループが判断したものであります。

2023年3月期の業績は営業利益が2,967億円で，直近の対外公表予想値に比べて57億円の増益（＋1.9％）となりました。

2022年度はオフィス賃貸事業では再開発を予定するビルの閉館に向けた賃料収入の減少等で賃貸利益が減少したものの，販売利益を実現させたほか，分譲住宅市場の活況を着実に捉えた販売進捗や，アウトレットモール等の商業施設の需要回復，海外における販売利益の獲得，投資マネジメント事業における安定的なフィー収益の獲得等により，当初計画の水準に近い利益を実現できました。

2020年度よりスタートした「長期経営計画2030」では国内アセット事業・海外アセット事業・ノンアセット事業で，それぞれ500億円程度の成長を目指しております。2022年度においては国際ビル・帝劇ビル共同建替計画の対外発表，「うめきた2期地区開発事業」において「（仮称）うめきた公園」工事本格着手，オーストラリアでの「180George Street（別名：Salesforce Tower）」の竣工及び高級住宅・ホテル複合開発である「One Circular Quay」プロジェクトへの参加等，長期経営計画の戦略に合致する将来の収益機会の獲得を実現しております。さらに，回転型投資の展開を通じた売却益の獲得及びフィービジネスの拡大を図るべく，当社グループで運営するファンドやREITへの売却を推進し，バリューチェーンを強化しています。これらの成果を着実に利益として結実させ，長期経営計画で掲げた計数目標の達成を目指します。

セグメントごとの経営成績に関しては次のとおりです。

コマーシャル不動産事業においては，新型コロナウイルス感染症の影響がピー

クを過ぎ，商業施設・ホテルを中心に回復傾向の一方で，閉館予定物件の賃料収入の減額等によりビルの賃貸利益が減益となり，営業利益は1,889億円となり，直近の予想値よりも69億円の増益となりました。

　住宅事業においては，分譲マンションの分譲戸数減による収益は減少したものの，原価低減を図り，あわせて賃貸マンション等のキャピタルゲインが大幅増加となったことから，営業利益は350億円となり，直近の予想値よりも30億円の増益となりました。

　海外事業においては，英国の物件売却益実現，為替影響などにより営業利益は894億円となり，直近の予想値よりも6億円の減益となりました。

　投資マネジメント事業においては，国内AM会社の安定的な収益の伸びがあったものの，海外AM会社のマーケット環境の変化などにより，営業利益は81億円となり，直近の予想値よりも19億円の減益となりました。その他のセグメントについても，概ね計画通りに利益を計上することができました。

≪セグメント別営業利益≫

（単位：百万円）

	2022年度		
	直近予想値 *1	決算値	増減
コマーシャル不動産事業	182,000	188,852	6,852
住宅事業	32,000	35,037	3,037
海外事業	90,000	89,400	△600
投資マネジメント事業	10,000	8,054	△1,946
設計監理・不動産サービス事業	5,000	4,176	△824
その他の事業	△1,000	△2,121	△1,121
調整額	△27,000	△26,696	304
合　計	291,000	296,702	5,702

（注）＊1．2023年2月9日公表時の通期業績予想となります。

　当社グループは，中期的な視点から強みを活かした投資により得られる利益の拡大を通じた企業価値の向上を図るため，成長投資を推進する一方で，財務健全性の維持も重要な経営目標としており，成長に向けた事業投資を行う際は，高格付けの維持を前提とした最適な資本構成を図っています。当社グループの財源に

(point) **大型プロジェクト「大名古屋ビルヂング」が竣工**

　2015年10月に，大名古屋ビルとロイヤルパークインの建て替えにより「大名古屋ビルヂング」が竣工する。建設地は名駅通りを挟んでJR名古屋駅，JR名古屋高島屋の向かいに位置しており，地下街を通じて地下鉄やJR名古屋駅と直結する予定。

ついては，ビル賃貸事業が主力事業であることから，引き続き長期・固定資金を主体に調達しております。今後も期間中の金利状況や，調達済有利子負債の償還期間等とのバランスも考慮しながら，調達手段に柔軟性を持たせつつ運営を行って参る所存であります。

　事業等のリスクに対しては，当社グループでは「三菱地所グループリスクマネジメント規程」を制定し，すべての事業活動を対象にリスクマネジメントを整備，運用しています。当社グループのリスクマネジメントを統括する機関として「リスク・コンプライアンス委員会」を，またリスクマネジメントに関する情報の集約など，実務的な合議体として「リスク・コンプライアンス協議会」をそれぞれ位置付けるほか，取締役会の決議により任命されたリスクマネジメント担当役員を統括責任者として，ラインスタッフ部署，コーポレート部署，DX推進部並びにグループ各社に責任者を置き，それを推進事務局である法務・コンプライアンス部が支援する形でリスクマネジメント活動を推進しています。さらに，重要な投資案件の意思決定に当たっては「経営会議」の審議前に「投資委員会」で審議を行い，リスク内容及びリスク管理方法等をチェックしています。また，緊急事態発生時の行動指針や連絡・初動体制，事業継続計画等についても整備，運用しています。

(3)　資本の財源及び資金の流動性 ……………………………………………
1)　財務戦略の基本的な考え方

　当社グループは，業界最上位の格付に裏打ちされた強固な財務基盤は，重要な経営資源の一つであると位置づけ，財務健全性の維持と高格付を活かした適時最適な調達の実現を財務戦略の基本方針としております。

　2020年4月から開始した「長期経営計画2030」においても，ROAの向上を通じたROEの向上に主眼を置き，レバレッジについては現状の格付水準が維持可能な範囲で適切にコントロールすることを基本方針としており，不動産市況に応じた，成長投資・資産売却・株主還元・資金調達の最適な組み合わせによる企業価値向上を実現して参ります。長期経営計画の2年目となる2022年度は，ネット有利子負債/EBITDA倍率についてはハイブリッドファイナンス考慮前で6.6倍

---

point 多機能都市を目指す「大手町1-1計画」

　P.53にある「大手町1-1計画」の特徴は，大手町エリアでも最大級の大型オフィスであり，約120室のサービスアパートメントをB棟高層階に整備。ビジネスを主体とした中長期滞在に対応していることだ。また高度な災害対応設備。大容量非常用発電機，防水扉の設置。帰宅困難者向けの一時待機施設の設置，食料・飲料水の備蓄がある。

（考慮後で6.2倍）にて着地いたしました。世界経済の先行きは依然として不透明な状況が継続することが想定されますが，10年間という長期にわたる経営計画においては，事業環境が変動する可能性を織り込んでいるため，環境の変化を見極めつつ，柔軟な資本政策を組み合わせながら，事業機会獲得の機会を的確に捉え，2030年の目標実現に向け，着実に各種施策を推進して参ります。

2）　経営資源の配分と資金需要の主な内容

　当社グループは，事業により獲得した営業キャッシュ・フローと資金調達余力に応じたキャッシュインを，株主還元，事業投資・回収（ネット投資額＝投資決定済案件への投資－物件売却による回収），不動産市況に応じて柔軟に行う戦略的アロケーションの3点に配分します。戦略的アロケーションは，株主価値向上に資する案件への厳選投資，追加の株主還元，負債抑制等のうち，その時々の状況に応じて柔軟に判断して参ります。

　今後の主な資金需要としては「長期経営計画2030」に基づき，有楽町エリア及び常盤橋エリアを重点更新エリアとし，2030年までに総額6,000～7,000億円程度を投じ，再開発やリノベーションを推進して参ります。また，2024年3月期のキャッシュ・フローでは，約6,800億円のベース投資と約5,700億円の物件売却による回収を見込んでおります。

3）　資金調達手段

　当社グループは，事業展開に伴う資金需要を安定的に確保するため，内部資金及び外部資金を有効に活用しております。

　内部資金については，主要グループ会社では原則として金融機関など外部からの資金調達を行わず，キャッシュ・マネジメント・サービスの活用により，資金調達の一元化と資金効率化，流動性の確保を図っています。外部資金については，財務健全性の維持が可能な範囲において金融機関からの借入や社債発行等を活用しており，資金需要・金融市況・調達コスト・償還バランスなどを総合的に勘案した上で，適切なファイナンスを実施しているほか，近年ではグリーンボンドやサステナビリティ・リンク・ローン等のサステナビリティファイナンスにも取り組んでおります。なお，当社グループは長期の開発期間を伴う事業が中心であるため，いずれの調達手段であっても10年以上の長期資金を中心とした資金調達

　このほか，皇居周辺のランナー向けのランニングステーションの設置，地下鉄大手町駅とB棟を直結する地下通路の整備などが行われる予定。

を行うとともに，負債の年度別償還額の集中を避けることでリファイナンスリスクの低減を図っています。

　主要な取引先金融機関とは，良好な取引関係を維持構築することで，円滑な資金調達を可能としております。また，国内金融機関においてコミットメントライン枠やスポット借入枠を設定しており，緊急時の流動性を確保しております。

　社債発行については，国内外4社の格付機関から取得している信用格付（※1）をもとに，近年は劣後特約付社債（ハイブリッド社債）に加え，国内の公募債市場で最長かつ初となる50年債の発行を行う等，投資家需要や起債環境を見極めたうえで最適な起債に努めており，今後も資金調達手段の多様化を図って参ります。

　なお，当社は劣後特約付公募社債を含む，全ての社債を無担保で発行していること，金融機関からの借入金についても財務制限条項は付されていないことから，安定した資金調達が可能と考えております。

※1　本報告書提出時点において，格付投資情報センターの格付はAAマイナス（安定的），日本格付研究所の格付はAAプラス（安定的），スタンダード＆プアーズの格付はAプラス（安定的），ムーディーズの格付はA2（安定的）となっております。

(4)　重要な会計上の見積り及び当該見積りに用いた仮定 ························

　連結財務諸表の作成に当たって用いた会計上の見積り及び当該見積りに用いた仮定のうち，重要なものについては，第5 経理の状況 1 連結財務諸表等 (1)連結財務諸表 注記事項（重要な会計上の見積り）に記載のとおりであります。

設備の状況

1 設備投資等の概要

　当社グループでは，再開発や既存ビルのリニューアル，情報化対応など，丸の内地区の魅力を高めることに重点を置き設備投資を実施しております。

　当年度は，有形固定資産等の取得により，コマーシャル不動産事業で134,406百万円，住宅事業で57,943百万円，海外事業で93,953百万円等，総額で286,523百万円の設備投資を実施いたしました。

　コマーシャル不動産事業では，当社において，「道玄坂二丁目南地区第一種市街地再開発事業」等の新築工事，既存ビルの修繕工事等を実施いたしました。また，当社，メック都市開発9号特定目的会社及びTOKYO390特定目的会社において，「TOKYO TORCH（東京駅前常盤橋プロジェクト）」の新築工事を実施いたしました。

　海外事業では，三菱地所ヨーロッパ社及びその子会社において，「8 Bishopsgate」の新築工事を実施いたしました。

2　主要な設備の状況

（1）　セグメント別内訳

セグメントの名称	帳簿価額（百万円）					従業員数 *3 [外、臨時従業員] （人）
	土地（面積）*1	建物及び構築物	機械装置及び運搬具	その他 *2	合計	
コマーシャル不動産事業	2,530,278 (2,287,257㎡)	977,628	25,727	181,454	3,715,089	4,254 [785]
住宅事業	168,912 (2,166,443㎡)	72,964	537	20,076	262,490	3,404 [4,470]
海外事業	188,034 (4,589,005㎡)	175,494	1,591	132,342	497,463	373 [33]
投資マネジメント事業	— (—㎡)	252	77	1,076	1,405	343 [32]
設計監理・不動産サービス事業	459 (1,955㎡)	1,414	93	832	2,800	1,470 [1,532]
その他の事業	45 (127㎡)	391	0	141	578	464 [45]
小計	2,887,731 (9,044,789㎡)	1,228,146	28,028	335,923	4,479,828	10,308 [6,897]
消去又は全社	23,377 (55,859㎡)	△5,154	△118	28	18,131	347 [78]
合計	2,911,108 (9,100,648㎡)	1,222,991	27,909	335,951	4,497,960	10,655 [6,975]

（注）＊1. 信託土地を含んでおります。
　　　＊2. 帳簿価額のその他に含まれる設備は，建設仮勘定，その他の有形固定資産（リース資産含む）及び借地権であります。
　　　＊3. 従業員数は就業人員であり，臨時従業員数は［　］内に国内年間平均人員を外数で記載しております。

(2) 会社別の主要な設備の状況 ･･･

① 当社

(a) コマーシャル不動産事業

賃貸用建物等

名称	所在地	建物				土地		その他	合計
		規模	延面積 (㎡)	帳簿価額 (百万円)	竣工	面積 (㎡)	帳簿価額 (百万円)	帳簿価額 (百万円)	帳簿価額 (百万円)
大手町ビル	東京都千代田区	地上 9階 地下 3階	101,631 [2,285]	22,503	1958年	10,496	66,156	880	89,539
新大手町ビル	東京都千代田区	地上10階 地下 3階	88,784	6,158	1958年	8,530	50,674	215	57,047
大手町フィナンシャルシティノースタワー・サウスタワー	東京都千代田区	地上35階 地下 4階	62,311 [45,517]	12,335	2012年	3,756	32,213	8	44,557
JAビル	東京都千代田区	地上37階 地下 3階	15,534 [32,264]	2,104	2009年	1,165	13,274	2	15,381
経団連会館	東京都千代田区	地上23階 地下 4階	10,461 [16,642]	1,774	2009年	679	8,070	5	9,850
大手門タワー	東京都千代田区	地上22階 地下 5階	64,156 [8,353]	14,257	2015年	4,025	103,067	146	117,471
大手町パークビル	東京都千代田区	地上29階 地下 5階	106,724 [44,983]	30,904	2017年	6,243	159,791	1,120	191,817
TOKYO TORCH 常盤橋タワー	東京都千代田区	地上38階 地下 5階	79,959 [34,456]	40,157	2021年	3,547	19,062	239	59,459
三菱UFJ信託銀行本店ビル	東京都千代田区	地上30階 地下 4階	76,544 [24,046]	5,286	2003年	3,240	21,393	59	26,739
丸の内ビル	東京都千代田区	地上37階 地下 4階	159,907	27,111	2002年	10,027	73,228	479	100,820
新丸の内ビル	東京都千代田区	地上38階 地下 4階	193,685	27,030	2007年	9,983	97,888	806	125,726
丸の内オアゾ	東京都千代田区	地上29階 地下 4階	83,291 [14,758]	10,740	2004年	6,280	39,288	382	50,411
東京ビル	東京都千代田区	地上33階 地下 4階	115,059 [18,374]	14,470	2005年	8,068	53,521	92	68,084
三菱ビル	東京都千代田区	地上15階 地下 4階	61,136	4,841	1973年	5,461	39,804	82	44,728
丸の内仲通りビル	東京都千代田区	地上10階 地下 4階	46,102	2,853	1963年	4,808	28,030	17	30,902
丸の内二丁目ビル	東京都千代田区	地上10階 地下 4階	47,754	4,242	1964年	4,364	39,840	66	44,149
岸本ビル	東京都千代田区	地上11階 地下 2階	12,582 [462]	1,030	1980年	1,154	8,913	40	9,984
新東京ビル	東京都千代田区	地上 9階 地下 4階	106,004	8,826	1963年	9,827	56,187	231	65,245
国際ビル	東京都千代田区	地上 9階 地下 6階	73,640 [942]	772	1966年	5,807	34,847	167	35,787
新国際ビル	東京都千代田区	地上 9階 地下 4階	68,947 [480]	4,987	1965年	6,982	33,868	209	39,064
新日石ビル	東京都千代田区	地上11階 地下 2階	7,495 [875]	481	1981年	737	5,095	1	5,578
丸の内パークビル・三菱一号館	東京都千代田区	地上34階 地下 4階	204,729	31,672	2009年	11,662	85,702	2,126	119,500
丸の内永楽ビル	東京都千代田区	地上27階 地下 4階	84,980 [81]	16,334	2012年	4,325	38,025	140	54,500

(point) 設備の新設，除却等の計画

ここでは今後，会社がどの程度の設備投資を計画しているか知ることができる。毎期
どれくらいの設備投資を行っているか確認すると，技術等での競争力維持に積極的な
姿勢かどうか，どのセグメントを重要視しているか分かる。また景気が悪化したとき
は設備投資額を減らす傾向にある。

名称	所在地	建物				土地		その他	合計
		規模	延面積 (㎡)	帳簿価額 (百万円)	竣工	面積 (㎡)	帳簿価額 (百万円)	帳簿価額 (百万円)	帳簿価額 (百万円)
丸の内二重橋ビル	東京都千代田区	地上30階 地下 4階	128,377	44,070	2018年	7,824	73,922	11,989	129,981
新有楽町ビル	東京都千代田区	地上14階 地下 4階	83,023 [3,061]	0	1967年	7,233	47,314	0	47,314
有楽町ビル	東京都千代田区	地上11階 地下 5階	42,159	0	1966年	3,551	20,636	0	20,636
ザ・ペニンシュラ東京宛貸地	東京都千代田区	－	－	－	－	4,287	28,188	－	28,188
日比谷国際ビル	東京都千代田区	地上31階 地下 5階	128,402	11,325	1981年	10,111	45,201	410	56,938
山王パークタワー	東京都千代田区	地上44階 地下 4階	132,504 [29,279]	22,455	2000年	12,980	132,222	1,603	156,280
三菱ケミカル日本橋ビル	東京都中央区	地上 9階 地下 3階	18,224	601	1965年	1,726	15,812	1	16,414
新青山ビル	東京都港区	地上23階 地下 4階	98,971 [1,042]	6,785	1978年	9,903	25,043	242	32,072
三田国際ビル	東京都港区	地上26階 地下 3階	110,151	7,104	1975年	20,742	22,015	42	29,163
国際新赤坂ビル	東京都港区	地上24階 地下 3階	81,046	0	1980年	8,530	47,159	1,361	48,521
msb Tamachi 田町ステーションタワーS及び 宿泊施設棟	東京都港区	地上31階 地下 2階	74,878	29,535	2018年	－ [5,819]	－	916	30,451
アクアシティお台場	東京都港区	地上 9階 地下 1階	89,581	8,113	2000年	25,072	26,207	274	34,596
新宿イーストサイドスクエア	東京都新宿区	地上20階 地下 2階	35,746 [134,474]	5,841	2012年	5,317	24,651	147	30,640
CO・MO・RE YOTSUYA （コモレ四谷）	東京都新宿区	地上31階 地下 3階	32,723 [37,355]	14,198	2020年	4,572	13,032	313	27,544
横浜ランドマークタワー	神奈川県横浜市西区	地上70階 地下 4階	395,408	27,641	1993年	38,061	41,586	1,537	70,766
大名古屋ビル	愛知県名古屋市中村区	地上34階 地下 4階	148,073	33,184	2015年	6,988 [2,413]	10,388 [2,517]	83	43,656 [2,517]
グランフロント大阪	大阪府大阪市北区	地上38階 地下 3階	18,869 [75,979]	4,838	2013年	1,695	17,677	205	22,721
MARK IS 福岡ももち	福岡県福岡市中央区	地上 4階	124,520	18,037	2018年	42,289	7,048	955	26,042

(注) 1. 帳簿価額及び面積には，信託受益権分を含んでおります。

2. 建物延面積の［　］内は転貸借入面積で外数であります。

3. 土地面積の［　］内は借地面積，帳簿価額の［　］内は借地権価額でそれぞれ外数であります。

4. 帳簿価額のその他に含まれる設備は建物，土地以外の有形固定資産（建設仮勘定，リース資産含む）の合計を表示しています。

(b) 事業所別の状況

事業所名	所在地	セグメントの名称	従業員数（人）
本店	東京都千代田区	コマーシャル不動産事業、住宅事業、海外事業、投資マネジメント事業、その他の事業、全社（共通）	965
北海道支店	北海道札幌市北区	コマーシャル不動産事業、住宅事業、全社（共通）	10
東北支店	宮城県仙台市青葉区	コマーシャル不動産事業、住宅事業、全社（共通）	18
横浜支店	神奈川県横浜市西区	コマーシャル不動産事業、全社（共通）	26
中部支店	愛知県名古屋市中区	コマーシャル不動産事業、全社（共通）	15
関西支店	大阪府大阪市北区	コマーシャル不動産事業、住宅事業、全社（共通）	37
中四国支店	広島県広島市中区	コマーシャル不動産事業、全社（共通）	7
九州支店	福岡県福岡市中央区	コマーシャル不動産事業、全社（共通）	13

② 国内子会社

(a) コマーシャル不動産事業

（ア） 賃貸用建物等

会社名	名称	所在地	建物 規模	建物 延面積（㎡）	建物 帳簿価額（百万円）	土地 面積（㎡）	土地 帳簿価額（百万円）	その他 帳簿価額（百万円）	合計 帳簿価額（百万円）
㈱サンシャインシティ	サンシャインシティ	東京都豊島区	地上60階地下 5階	510,042[214]	59,683	55,719[823]	103,975[163]	4,041	167,699[163]
当社及び㈱東京交通会館	東京交通会館ビル	東京都千代田区	地上15階地下 4階	47,937	3,482	1,026[4,885]	553[41,853]	61	4,096[41,853]
	有楽町駅前ビル	東京都千代田区	地上21階地下 4階	9,711	1,818	1,453	25,273	6	27,099
豊洲三丁目開発特定目的会社	豊洲フォレシア	東京都江東区	地上16階地下 2階	49,736[51,766]	8,254	7,958	11,597	201	20,054
当社及び匿名組合大手町第三インベストメント	大手町フィナンシャルシティ グランキューブ 及び 宿泊施設棟	東京都千代田区	地上31階地下 4階	160,324[47,268]	46,922	8,628	94,184	1,450	142,557
当社及び㈱横浜スカイビル	スカイビル	神奈川県横浜市西区	地上30階地下 3階	88,282[13,789]	20,915	7,510	8,562	487	29,964
三菱地所・サイモン㈱	御殿場プレミアムアウトレット	静岡県御殿場市	地上 1階	105,569	18,483	325,580	33,608	6,401	58,493

（注） 1. 建物延面積の［ ］内は，借入面積で外数であります。

2. 土地面積の［ ］内は借地面積，帳簿価額の［ ］内は借地権価額でそれぞれ外数であります。

3. 帳簿価額のその他に含まれる設備は建物，土地以外の有形固定資産（建設仮勘定，リース資産含む）の合計を表示しています。

---

point **株式の総数等**

発行可能株式総数とは，会社が発行することができる株式の総数のことを指す。役員会では，株主総会の了承を得ないで，必要に応じてその株数まで，株を発行することができる。敵対的TOBでは，経営陣が，自社をサポートしてくれる側に，新株を第三者割り当てで発行して，買収を防止することがある。

（イ）　建設中土地土地

会社名	名称	所在地	土地	
			面積（㎡）	帳簿価額（百万円）
当社、メック都市開発９号特定目的会社及びTOKYO390特定目的会社	TOKYO TORCH（東京駅前常盤橋プロジェクト）	東京都千代田区ほか	9,693[1,475]	97,962[5,944]

（注）1．土地面積の［　］内は借地面積，帳簿価額の［　］内は借地権額でそれぞれ外数であります。

（b）　事業所別の状況

会社名	セグメントの名称	事業所名	主な所在地	従業員数（人）
三菱地所プロパティマネジメント㈱	コマーシャル不動産事業	本社　ほか	東京都千代田区	932
		横浜支店　ほか	神奈川県横浜市西区　ほか	355
日本リージャス㈱	〃	本社	東京都新宿区	－
日本リージャスホールディングス㈱	〃	本社　ほか	東京都新宿区　ほか	324
池袋地域冷暖房㈱	〃	本社　ほか	東京都豊島区	16
丸の内熱供給㈱	〃	本社、大手町センター　ほか	東京都千代田区　ほか	134
㈱サンシャインシティ	〃	本店	東京都豊島区	129
㈱横浜スカイビル	〃	本社	神奈川県横浜市西区	24
東京ガレーヂ㈱	〃	本社、駐車場施設　ほか	東京都千代田区　ほか	69
丸の内ダイレクトアクセス㈱	〃	本社	東京都千代田区	13
㈱東京交通会館	〃	本社	東京都千代田区	33
三菱地所・サイモン㈱	〃	本社、ほか10施設	東京都千代田区　ほか	134
㈱東京流通センター	〃	本社	東京都大田区	53
㈱ロイヤルパークホテルズアンドリゾーツ	〃	本社　ほか	東京都千代田区　ほか	1,366
㈱丸ノ内ホテル	〃	丸ノ内ホテル	東京都千代田区	86
三菱地所レジデンス㈱	住宅事業	本社	東京都千代田区	805
		名古屋支店	愛知県名古屋市中区	33
		関西支店	大阪府大阪市北区	81
		中国支店	広島県広島市中区	25
		九州支店	福岡県福岡市中央区	31
三菱地所ホーム㈱	〃	本店　ほか	東京都新宿区　ほか	391
		関西事業部	兵庫県芦屋市	20
㈱三菱地所住宅加工センター	〃	本社	千葉県千葉市美浜区	37
		大阪支店及び大阪工場	大阪府貝塚市	17
三菱地所コミュニティ㈱	〃	本社　ほか	東京都千代田区	719
		千葉第一支店　ほか	千葉県松戸市　ほか	524
三菱地所ハウスネット㈱	〃	本社　ほか	東京都新宿区　ほか	443
アーバンライフ㈱	〃	本社　ほか	大阪府大阪市北区　ほか	27
㈱菱栄ライフサービス	〃	本店	東京都世田谷区	28
東富士グリーン㈱	〃	本社　ほか	静岡県駿東郡小山町	34
		東富士カントリークラブ	〃	35
㈱泉パークタウンサービス	〃	本社	宮城県仙台市泉区	45
㈱メックecoライフ	〃	本社	東京都品川区	4
三菱地所コミュニティホールディングス㈱	〃	本社	東京都千代田区	8

📍 **連結財務諸表等**

　　ここでは主に財務諸表の作成方法についての説明が書かれている。企業は大蔵省が定めた規則に従って財務諸表を作るよう義務付けられている。また金融商品法に従い、作成した財務諸表がどの監査法人によって監査を受けているかも明記されている。

会社名	セグメントの名称	事業所名	主な所在地	従業員数(人)
ジャパンリアルエステイトアセットマネジメント㈱	投資マネジメント事業	本社	東京都千代田区	33
三菱地所投資顧問㈱	〃	本社	東京都千代田区	111
㈱メック・デザイン・インターナショナル	住宅事業 設計監理・不動産サービス事業	本社　ほか	東京都中央区　ほか	109
三菱地所リアルエステートサービス㈱	設計監理・不動産サービス事業	本社	東京都千代田区	428
		横浜支店	神奈川県横浜市西区	15
		北海道支店	北海道札幌市北区	11
		東北支店	宮城県仙台市青葉区	13
		名古屋支店	愛知県名古屋市中区	11
		関西支店	大阪府大阪市北区	73
		中国支店	広島県広島市中区	8
		九州支店	福岡県福岡市中央区	14
㈱三菱地所設計	〃	本店	東京都千代田区	563
		北海道支店	北海道札幌市北区	9
		東北支店	宮城県仙台市青葉区	6
		中部支店	愛知県名古屋市中区	9
		関西支店	大阪府大阪市北区	26
		九州支店	福岡県福岡市中央区	19
三菱地所パークス㈱	〃	本社　ほか	東京都千代田区　ほか	194
三菱地所ITソリューションズ㈱	その他の事業	本社　ほか	東京都千代田区　ほか	258
㈱メック・ヒューマンリソース	〃	本社	東京都千代田区	141
京葉土地開発㈱	〃	本社	東京都千代田区	―

③　在外子会社

(a)　海外事業

賃貸用建物等

会社名	名称	所在地	建物		土地		その他	合計
			規模	延面積(㎡)	帳簿価額(百万円)	面積(㎡)	帳簿価額(百万円)	帳簿価額(百万円)	帳簿価額(百万円)
Rockefeller Group International, Inc. 及びその子会社	1271 Avenue of the Americas	米国ニューヨーク州	地上48階 地下 3階	187,250	80,926	7,649	25,085	30	106,043
	1221 Avenue of the Americas	米国ニューヨーク州	地上51階 地下 5階	237,126	23,756	10,075	17,926	121	41,804
Mitsubishi Estate Europe Limited 及びその子会社	Paternoster Square	英国ロンドン市	地上 8階 地下 2階	29,480	18,754	― [7,658]	― [3,154]	―	18,754 [3,154]
	1 Victoria Street	英国ロンドン市	地上 9階 地下 3階	31,161	7,898	7,900	14,464	―	22,362

(注) 1. 土地面積の [　] 内は借地面積，帳簿価額の [　] 内は借地権価額で外数であります。

　　 2. 帳簿価額のその他に含まれる設備は建物，土地以外の有形固定資産（建設仮勘定，リース資産含む）の合計を表示しています。

(b) 事業所別の状況

会社名	セグメントの名称	事業所名	所在地	従業員数（人）
Rockefeller Group International, Inc.	海外事業	本社	米国ニューヨーク州	77
Rockefeller Group Development Corp.	〃	本社 ほか	米国ニューヨーク州 ほか	210
Rockefeller Group Business Centers, Inc.	〃	本社 ほか	米国ニューヨーク州	2
Mitsubishi Estate London Limited	〃	本社 ほか	英国ロンドン市	25
Mitsubishi Estate Asia Pte. Ltd.	〃	本社 ほか	シンガポール ほか	40
MEC Global Partners Holdings LLC	投資マネジメント事業	本社	米国ニューヨーク州	1
TA Realty LLC	〃	本社 ほか	米国マサチューセッツ州 ほか	117
MEC Global Partners America	〃	本社	米国マサチューセッツ州	4
Europa Capital Partners LLP	〃	本社 ほか	英国ロンドン市 ほか	48
MEC Global Partners Asia Pte. Ltd.	〃	本社	シンガポール	14

3 設備の新設，除却等の計画

　当社グループの設備投資については，連結会社各社が個別に策定した事業計画に基づき計画しておりますが，事業部門全体及びグループ全体で投資効率をより向上させるべく，必要に応じて当社にて調整しております。当連結会計年度末現在における重要な設備の新設，除却等の計画は以下のとおりであります。その所要資金につきましては，借入金，社債の発行及び自己資金でまかなう予定でありますが，資金需要に合わせ，その時点での最適な資金調達手段を選択することとしており，現時点で詳細は確定しておりません。

　なお，当連結会計年度後1年間の設備投資は424,000百万円を予定しております。

（point）**連結財務諸表**

　ここでは貸借対照表（またはバランスシート，BS），損益計算書（PL），キャッシュフロー計算書の詳細を調べることができる。あまり会計に詳しくない場合は，最低限，損益計算書の売上と営業利益を見ておけばよい。可能ならば，その数字が過去5年，10年の間にどのように変化しているか調べると会社への理解が深まるだろう。

（1） 設備の新設等計画 ・・

① コマーシャル不動産事業

会社名	設備の名称	所在地	規模	投資予定金額		新築工事着工及び完了予定
				総額（百万円）	既支払額（百万円）	
当社	（仮称）赤坂二・六丁目地区開発計画 *1	東京都港区	東棟 延床面積 約170,000㎡ 地上41階 地下4階 / 西棟 延床面積 約40,000㎡ 地上19階 地下3階	未定	1,359	2023年度～2028年度
当社	（仮称）内神田一丁目計画 *2	東京都千代田区	延床面積 約85,200㎡ 地上26階 地下3階	未定	10,685	2022年 7月～2025年11月
当社、メック都市開発9号特定目的会社及びTOKYO390特定目的会社	TOKYO TORCH（東京駅前常盤橋プロジェクト） *3	東京都千代田区ほか	常盤橋タワー（A棟）延床面積 約146,000㎡ 地上38階 地下5階	未定	78,004	2021年 6月竣工
			Torch Tower（B棟）延床面積 約544,000㎡ 地上62階 地下4階			2023年度～2027年度
			変電所棟（C棟）延床面積 約20,000㎡ 地下4階			2018年 1月～2027年度
			銭瓶町ビル（D棟）延床面積 約30,000㎡ 地上 9階 地下3階			2022年 3月竣工

（注）＊1. 国際新赤坂ビル等の一体的な建替計画であります。投資予定金額の総額については，建築工事費等が未確定であるため，未定であります。本事業は共同事業であり，既支払額は当社持分に係る金額を記載したものです。

＊2. 投資予定金額の総額については，建築工事費等が未確定であるため，未定であります。本事業は当社個人施行による第一種市街地再開発事業であり，既支払額である事業に要する費用は当社が単独で負担しております。

＊3. 大和呉服橋ビル，日本ビル，朝日生命大手町ビル，JXビル及びTOKIWAブリッジ（旧称：JFE商事ビル）の一体的な建替計画であります。投資予定金額の総額については，建築工事費等が未確定であるため，未定であります。本事業は共同事業であり，既支払額は当社，メック都市開発9号特定目的会社及びTOKYO390特定目的会社持分に係る金額を記載したものです。

② 海外事業

会社名	設備の名称	所在地	規模	投資予定金額		新築工事着工及び完了予定
				総額（百万円）	既支払額（百万円）	
Mitsubishi Estate Europe Limited 及びその子会社	8 Bishopsgate *1	英国ロンドン市	延床面積 約85,000㎡地上51階 地下3階	未定	65,325	2019年 3月～2023年度

(注) *1. Mitsubishi Estate Europe Limited 及びその子会社が保有する2棟のオフィスビル（6-8 Bishopsgate 及び150Leadenhall Street）の一体的な建替計画であります。投資予定金額の総額については，建築工事費等が未確定であるため，未定であります。

(2) 設備の改修計画 ・・・

会社名	設備の名称	所在地	セグメントの名称	投資予定金額		着手及び完了予定
				総額（百万円）	既支払額（百万円）	
当社	既存ビル *1	東京都千代田区ほか	コマーシャル不動産事業	27,000	－	2023年 4月～2024年 3月

(注) *1. 丸の内地区等のビルにおける設備改修工事等であります。

提出会社の状況

1 株式等の状況

（1） 株式の総数等 ・・

① 株式の総数

種類	発行可能株式総数（株）
普通株式	1,980,000,000
計	1,980,000,000

② 発行済株式

種類	事業年度末現在発行数（株） （2023年3月31日）	提出日現在発行数（株） （2023年6月29日）	上場金融商品取引所名又は登録認可金融商品取引業協会名	内容
普通株式	1,324,288,306	1,324,288,306	東京証券取引所 プライム市場	単元株式数は 100株であります。
計	1,324,288,306	1,324,288,306	－	－

（注）「提出日現在発行数」欄には，2023年6月1日からこの有価証券報告書提出日までの新株予約権の行使により発行された株式数は含まれておりません。

■ 経理の状況

1 連結財務諸表及び財務諸表の作成方法について ························

(1)　当社の連結財務諸表は，「連結財務諸表の用語，様式及び作成方法に関する規則」（昭和51年大蔵省令第28号）に基づいて作成しております。

(2)　当社の財務諸表は，「財務諸表等の用語，様式及び作成方法に関する規則」（昭和38年大蔵省令第59号。以下「財務諸表等規則」という。）に基づいて作成しております。

　　また，当社は，特例財務諸表提出会社に該当し，財務諸表等規則第127条の規定により財務諸表を作成しております。

2 監査証明について ··

　当社は，金融商品取引法第193条の2第1項の規定に基づき，連結会計年度（2022年4月1日から2023年3月31日まで）の連結財務諸表及び事業年度（2022年4月1日から2023年3月31日まで）の財務諸表について，EY新日本有限責任監査法人による監査を受けております。

3 連結財務諸表等の適正性を確保するための特段の取組みについて ············

　当社は，連結財務諸表等の適正性を確保するための特段の取組みを行っております。

　具体的には，会計基準等の内容を適切に把握し，又は会計基準等の変更等について的確に対応することができる財務会計基準機構へ加入し，情報収集等に努めております。また，公益財団法人財務会計基準機構等の行うセミナーに参加しております。

（1） 連結財務諸表 ·······································

① 連結貸借対照表

（単位：百万円）

	前連結会計年度 （2022年3月31日）	当連結会計年度 （2023年3月31日）
資産の部		
流動資産		
現金及び預金	233,117	*5 225,011
受取手形、営業未収入金及び契約資産	*1 60,645	*1 69,987
有価証券	4,280	3,578
販売用不動産	41,239	65,252
仕掛販売用不動産	299,532	420,956
開発用不動産	724	719
未成工事支出金	4,316	5,201
その他の棚卸資産	*4 1,575	*4 1,413
エクイティ出資	*3 624,521	*3,*5 716,416
その他	*5 87,260	*5 108,723
貸倒引当金	△422	△659
流動資産合計	1,356,789	1,616,602
固定資産		
有形固定資産		
建物及び構築物	*5,*9 2,919,944	*5,*9 2,984,949
減価償却累計額及び減損損失累計額	△1,689,430	△1,761,958
建物及び構築物（純額）	1,230,513	1,222,991
機械装置及び運搬具	*5,*9 99,855	*9 100,030
減価償却累計額及び減損損失累計額	△68,647	△72,120
機械装置及び運搬具（純額）	31,208	27,909
土地	*5,*8,*9 2,310,551	*5,*8,*9 2,335,460
信託土地	*8 585,470	*8 575,648
建設仮勘定	169,700	*5 228,955
その他	*5 61,398	69,815
減価償却累計額及び減損損失累計額	△42,852	△44,565
その他（純額）	18,545	25,249
有形固定資産合計	4,345,989	4,416,214
無形固定資産		
借地権	82,541	81,745
その他	25,550	29,441
無形固定資産合計	108,092	111,187
投資その他の資産		
投資有価証券	*3,*5 299,617	*3,*5 306,352
長期貸付金	2,324	2,559
敷金及び保証金	140,230	144,070
退職給付に係る資産	45,998	62,528
繰延税金資産	25,887	25,943
その他	*3 169,535	*3 187,095
貸倒引当金	△548	△596
投資その他の資産合計	683,045	727,954
固定資産合計	5,137,127	5,255,356
資産合計	6,493,917	6,871,959

	前連結会計年度 （2022年3月31日）	当連結会計年度 （2023年3月31日）
負債の部		
流動負債		
支払手形及び営業未払金	60,516	66,407
短期借入金	※5 182,052	※5 194,881
1年内返済予定の長期借入金	※5,※9 79,928	※5 210,087
1年内償還予定の社債	90,000	26,635
未払法人税等	29,445	23,574
その他	※2 189,099	※2 333,752
流動負債合計	631,043	855,337
固定負債		
社債	786,335	820,584
長期借入金	※5,※9 1,598,562	※5,※9 1,618,019
受入敷金保証金	451,749	448,442
繰延税金負債	274,176	288,861
再評価に係る繰延税金負債	※8 264,082	※8 264,082
退職給付に係る負債	27,402	27,644
役員退職慰労引当金	464	478
環境対策引当金	888	582
負ののれん	※7 85,526	※7 60,413
その他	137,252	107,568
固定負債合計	3,626,441	3,636,680
負債合計	4,257,484	4,492,017
純資産の部		
株主資本		
資本金	142,414	142,414
資本剰余金	159,749	157,914
利益剰余金	1,165,344	1,147,425
自己株式	△132,483	△48,454
株主資本合計	1,335,024	1,399,299
その他の包括利益累計額		
その他有価証券評価差額金	130,841	138,552
繰延ヘッジ損益	103	2,106
土地再評価差額金	※8 526,417	※8 526,417
為替換算調整勘定	2,162	77,489
退職給付に係る調整累計額	8,675	13,695
その他の包括利益累計額合計	668,200	758,261
新株予約権	201	193
非支配株主持分	233,005	222,187
純資産合計	2,236,432	2,379,941
負債純資産合計	6,493,917	6,871,959

② 連結損益計算書及び連結包括利益計算書

連結損益計算書

	前連結会計年度 （自 2021年4月 1日 至 2022年3月31日）	当連結会計年度 （自 2022年4月 1日 至 2023年3月31日）
営業収益	※1 1,349,489	※1 1,377,827
営業原価	※2 974,724	※2 980,792
営業総利益	374,765	397,034
販売費及び一般管理費	※3 95,787	※3 100,332
営業利益	278,977	296,702
営業外収益		
受取利息	800	873
受取配当金	7,197	7,755
持分法による投資利益	332	260
工事負担金等受入額	1,455	－
その他	6,532	5,472
営業外収益合計	16,319	14,361
営業外費用		
支払利息	20,742	25,001
固定資産除却損	※5 12,404	※5 5,749
その他	8,438	8,493
営業外費用合計	41,586	39,244
経常利益	253,710	271,819
特別利益		
固定資産売却益	※4 6,781	※4 8,921
投資有価証券売却益	7,987	3,303
関係会社株式売却益	1,843	－
環境対策引当金戻入益	3,576	－
特別利益合計	20,189	12,224
特別損失		
固定資産除却関連損	※5 16,254	※5 17,741
関係会社株式評価損	－	2,599
減損損失	※6 3,866	※6 3,535
エクイティ出資評価損	－	7,264
特別損失合計	20,120	31,141
税金等調整前当期純利益	253,779	252,902
法人税、住民税及び事業税	60,331	65,855
法人税等調整額	10,558	4,779
法人税等合計	70,889	70,634
当期純利益	182,889	182,268
非支配株主に帰属する当期純利益	27,718	16,924
親会社株主に帰属する当期純利益	155,171	165,343

連結包括利益計算書

（単位：百万円）

	前連結会計年度 （自　2021年4月 1日 至　2022年3月31日）	当連結会計年度 （自　2022年4月 1日 至　2023年3月31日）
当期純利益	182,889	182,268
その他の包括利益		
その他有価証券評価差額金	12,754	7,726
繰延ヘッジ損益	1,508	912
為替換算調整勘定	59,588	82,727
退職給付に係る調整額	5,519	5,045
持分法適用会社に対する持分相当額	344	1,324
その他の包括利益合計	※1 79,715	※1 97,736
包括利益	262,605	280,004
（内訳）		
親会社株主に係る包括利益	231,360	255,404
非支配株主に係る包括利益	31,244	24,599

③ 連結株主資本等変動計算書

前連結会計年度（自　2021年4月1日　至　2022年3月31日）

（単位：百万円）

	株主資本				
	資本金	資本剰余金	利益剰余金	自己株式	株主資本合計
当期首残高	142,279	164,367	1,058,457	△105,216	1,259,887
会計方針の変更による累積的影響額			△1,509		△1,509
会計方針の変更を反映した当期首残高	142,279	164,367	1,056,948	△105,216	1,258,378
当期変動額					
新株の発行	135	135			270
剰余金の配当			△46,774		△46,774
親会社株主に帰属する当期純利益			155,171		155,171
自己株式の取得				△30,014	△30,014
自己株式の処分			△0	31	31
自己株式の消却					
株式交換による変動		△964		2,715	1,751
連結範囲の変動					
非支配株主との取引に係る親会社の持分変動		△3,788			△3,788
株主資本以外の項目の当期変動額（純額）					
当期変動額合計	135	△4,617	108,396	△27,267	76,646
当期末残高	142,414	159,749	1,165,344	△132,483	1,335,024

	その他の包括利益累計額						新株予約権	非支配株主持分	純資産合計
	その他有価証券評価差額金	繰延ヘッジ損益	土地再評価差額金	為替換算調整勘定	退職給付に係る調整累計額	その他の包括利益累計額合計			
当期首残高	118,088	△1,916	526,417	△53,740	3,163	592,011	231	209,316	2,061,447
会計方針の変更による累積的影響額									△1,509
会計方針の変更を反映した当期首残高	118,088	△1,916	526,417	△53,740	3,163	592,011	231	209,316	2,059,937
当期変動額									
新株の発行									270
剰余金の配当									△46,774
親会社株主に帰属する当期純利益									155,171
自己株式の取得									△30,014
自己株式の処分									31
自己株式の消却									－
株式交換による変動									1,751
連結範囲の変動									－
非支配株主との取引に係る親会社の持分変動									△3,788
株主資本以外の項目の当期変動額（純額）	12,753	2,020		55,902	5,512	76,189	△30	23,689	99,847
当期変動額合計	12,753	2,020	－	55,902	5,512	76,189	△30	23,689	176,494
当期末残高	130,841	103	526,417	2,162	8,675	668,200	201	233,005	2,236,432

当連結会計年度（自　2022年4月1日　至　2023年3月31日）

（単位：百万円）

	株主資本				
	資本金	資本剰余金	利益剰余金	自己株式	株主資本合計
当期首残高	142,414	159,749	1,165,344	△132,483	1,335,024
会計方針の変更による累積的影響額					
会計方針の変更を反映した当期首残高	142,414	159,749	1,165,344	△132,483	1,335,024
当期変動額					
新株の発行					
剰余金の配当			△51,587		△51,587
親会社株主に帰属する当期純利益			165,343		165,343
自己株式の取得				△45,822	△45,822
自己株式の処分			△10	565	555
自己株式の消却			△129,285	129,285	
株式交換による変動					
連結範囲の変動			△2,379		△2,379
非支配株主との取引に係る親会社の持分変動		△1,835			△1,835
株主資本以外の項目の当期変動額（純額）					
当期変動額合計	－	△1,835	△17,919	84,029	64,274
当期末残高	142,414	157,914	1,147,425	△48,454	1,399,299

	その他の包括利益累計額						新株予約権	非支配株主持分	純資産合計
	その他有価証券評価差額金	繰延ヘッジ損益	土地再評価差額金	為替換算調整勘定	退職給付に係る調整累計額	その他の包括利益累計額合計			
当期首残高	130,841	103	526,417	2,162	8,675	668,200	201	233,005	2,236,432
会計方針の変更による累積的影響額									－
会計方針の変更を反映した当期首残高	130,841	103	526,417	2,162	8,675	668,200	201	233,005	2,236,432
当期変動額									
新株の発行									－
剰余金の配当									△51,587
親会社株主に帰属する当期純利益									165,343
自己株式の取得									△45,822
自己株式の処分									555
自己株式の消却									－
株式交換による変動									－
連結範囲の変動									△2,379
非支配株主との取引に係る親会社の持分変動									△1,835
株主資本以外の項目の当期変動額（純額）	7,710	2,002		75,327	5,020	90,061	△8	△10,818	79,234
当期変動額合計	7,710	2,002	－	75,327	5,020	90,061	△8	△10,818	143,509
当期末残高	138,552	2,106	526,417	77,489	13,695	758,261	193	222,187	2,379,941

④ 連結キャッシュ・フロー計算書

（単位：百万円）

	前連結会計年度 （自 2021年4月 1日 至 2022年3月31日）	当連結会計年度 （自 2022年4月 1日 至 2023年3月31日）
営業活動によるキャッシュ・フロー		
税金等調整前当期純利益	253,779	252,902
減価償却費	91,581	93,459
有形固定資産除売却損益（△は益）	12,557	750
有価証券売却損益（△は益）	△7,987	△3,303
関係会社株式売却損益（△は益）	△1,843	―
関係会社株式評価損	―	2,599
エクイティ出資評価損	―	7,264
減損損失	3,866	3,535
社債発行費	435	266
のれん償却額	2,544	3,170
工事負担金等受入額	△1,455	―
持分法による投資損益（△は益）	△332	△260
引当金の増減額（△は減少）	△3,526	△32
退職給付に係る負債の増減額（△は減少）	△3,855	△9,486
受取利息及び受取配当金	△7,997	△8,628
支払利息	20,742	25,001
売上債権及び契約資産の増減額（△は増加）	△6,948	△6,084
棚卸資産の増減額（△は増加）	116,993	7,462
エクイティ出資の増減額（△は増加）	△30,267	△5,399
前渡金の増減額（△は増加）	266	2,293
敷金及び保証金の増減額（△は増加）	△3,722	△442
仕入債務の増減額（△は減少）	474	4,132
未払消費税等の増減額（△は減少）	1,555	2,792
預り敷金及び保証金の増減額（△は減少）	△15,024	△2,894
その他	△76,589	△20,700
小計	345,246	348,396
利息及び配当金の受取額	7,704	9,620
利息の支払額	△20,653	△23,797
法人税等の支払額又は還付額（△は支払）	△52,206	△64,305
営業活動によるキャッシュ・フロー	280,090	269,914
投資活動によるキャッシュ・フロー		
定期預金の払戻による収入	2	544
定期預金の預入による支出	△411	△2
有価証券の売却及び償還による収入	1,461	2,314
有価証券の取得による支出	△1,514	△2,360
有形固定資産の売却による収入	14,570	17,047
有形固定資産の取得による支出	△328,591	△286,301
投資有価証券の売却及び償還による収入	9,562	7,717
投資有価証券の取得による支出	△7,488	△5,453
借地権の取得による支出	△523	△221
短期貸付金の回収による収入	50	105
短期貸付けによる支出	△4,960	△397
長期貸付金の回収による収入	9,545	11
長期貸付けによる支出	△74	△247
連結の範囲の変更を伴う子会社株式の売却による収入	1,883	―
連結の範囲の変更を伴う子会社株式の取得による支出	※2 △455	※2 △33,421
工事負担金等受入による収入	1,455	
その他	△8,289	△11,381
投資活動によるキャッシュ・フロー	△313,778	△312,046

	前連結会計年度 （自　2021年4月　1日 　至　2022年3月31日）	当連結会計年度 （自　2022年4月　1日 　至　2023年3月31日）
財務活動によるキャッシュ・フロー		
短期借入金の純増減額（△は減少）	26,104	16,728
コマーシャル・ペーパーの純増減額（△は減少）	△50,000	－
ファイナンス・リース債務の返済による支出	△378	△697
長期借入れによる収入	261,114	249,592
長期借入金の返済による支出	△118,951	△85,040
社債の発行による収入	129,564	59,733
社債の償還による支出	△65,000	△90,000
連結の範囲の変更を伴わない子会社株式の取得による支出	△10,442	△6,346
自己株式の純増減額（△は増加）	△29,861	△45,822
配当金の支払額	△46,792	△51,579
非支配株主への配当金の支払額	△11,457	△18,846
非支配株主からの払込みによる収入	7,054	3,122
その他	18	△386
財務活動によるキャッシュ・フロー	90,973	30,457
現金及び現金同等物に係る換算差額	4,651	5,244
現金及び現金同等物の増減額（△は減少）	61,937	△6,430
現金及び現金同等物の期首残高	172,307	234,244
新規連結に伴う現金及び現金同等物の増加額	－	762
連結除外に伴う現金及び現金同等物の減少額	－	△2,804
現金及び現金同等物の期末残高	※1 234,244	※1 225,772

【注記事項】

（連結財務諸表作成のための基本となる重要な事項）

1　連結の範囲に関する事項 ┄┄┄┄┄┄┄┄┄┄┄┄┄┄┄┄┄┄┄┄┄┄┄┄┄┄┄┄┄┄┄┄┄

（1）　連結子会社の数　271社 ┄┄┄┄┄┄┄┄┄┄┄┄┄┄┄┄┄┄┄┄┄┄┄┄┄┄┄┄┄┄┄┄

　主要な連結子会社名は，「第1　企業の概況　4関係会社の状況」に記載しているため省略しております。

　日本リージャスホールディングス（株）他45社は株式の取得や新規設立等により，連結子会社に含めております。

　一方，（株）ロイヤルパークホテルは吸収合併に伴い消滅したことにより，RG-McClintock LLC他25社は持分の減少等により，連結子会社から除外しております。

（2）　主要な非連結子会社の名称等 ┄┄┄┄┄┄┄┄┄┄┄┄┄┄┄┄┄┄┄┄┄┄┄┄┄┄┄┄┄

　主要な非連結子会社は淵野辺デベロップメント特定目的会社であります。

　非連結子会社は，総資産の合計額，営業収益の合計額，当期純損益の額のう

ち持分に見合う額の合計額及び利益剰余金の額のうち持分に見合う額の合計額等が，いずれも連結財務諸表に重要な影響を及ぼしていないため連結の範囲から除いております。

2 持分法の適用に関する事項 ....
(1) 持分法適用非連結子会社の数　0社 ....
(2) 持分法適用関連会社の数　109社 ....

そのうち主要な関連会社は匿名組合大手町開発であります。

SRRP Development Trust他13社については新規設立等により，持分法適用関連会社としております。

一方，Central Saint Giles Unit Trust他26社については持分の減少等により，持分法適用関連会社から除外しております。

(3) 主要な持分法非適用会社の名称等 ....

主要な持分法非適用非連結子会社は淵野辺デベロップメント特定目的会社，主要な持分法非適用関連会社は第5メック都市開発特定目的会社であります。これらは，当期純損益の額のうち持分に見合う額の合計額及び利益剰余金の額のうち持分に見合う額の合計額等が，いずれも連結財務諸表に重要な影響を及ぼしていないため，これらの会社に対する投資については持分法を適用しておりません。

(4) その他 ....

持分法適用会社のうち，決算日が連結決算日と異なる会社については，当該会社の事業年度に係る財務諸表を使用しております。

3 連結子会社の事業年度等に関する事項 ....

連結子会社のMEC Group International Inc.及び海外子会社230社，（株）メックecoライフ他3社の決算日は12月31日，京葉土地開発（株）の決算日は1月31日，座間デベロップメント特定目的会社他4社の決算日は2月28日であり，同日現在の決算財務諸表を使用しております。ただし，連結決算日との間に生じた重要な取引については，連結決算上必要な調整を行っております。

4 会計方針に関する事項 ···

(1) 重要な資産の評価基準及び評価方法 ························

有価証券

満期保有目的の債券

償却原価法（当社及び国内連結子会社は定額法，在外連結子会社は利息法）

その他有価証券

市場価格のない株式等以外のもの

時価法（評価差額は全部純資産直入法により処理し，売却原価は主として移動平均法により算定）

市場価格のない株式等

主として移動平均法による原価法

エクイティ出資

市場価格のない株式等以外のもの

時価法（評価差額は全部純資産直入法により処理し，売却原価は主として移動平均法により算定）。なお，持分法を適用していない非連結子会社出資及び関連会社出資は移動平均法による原価法を採用しております。また，投資事業有限責任組合及びこれに類する組合への出資（金融商品取引法第2条第2項により有価証券とみなされるもの）については，組合契約に規定される決算報告日に応じて入手可能な直近の決算書を基礎とし，持分相当額を純額で取り込む方法によっております。

市場価格のない株式等

主として移動平均法による原価法

デリバティブ

時価法

棚卸資産

販売用不動産	主として個別法による原価法（貸借対照表価額については収益性の低下に基づく簿価切下げの方法により算定）
仕掛販売用不動産	同上
開発用不動産	同上

未成工事支出金　　同上

固定資産

　　当社及び国内連結子会社は減損会計を適用しております。在外連結子会社は国際財務報告基準及び米国会計基準により処理しております。

(2) 重要な減価償却資産の減価償却の方法 ·······································

有形固定資産

　　当社及び国内連結子会社は主として定率法

　　ただし，1998年4月1日以降に取得した建物（建物附属設備を除く）並びに2016年4月1日以降に取得した建物附属設備及び構築物については定額法在外連結子会社は定額法

　　（主な耐用年数）

　　建物及び構築物　　　　2～75年

無形固定資産

　　定額法　なお，自社利用のソフトウェアについては，社内における利用可能見積期間（主として5年）に基づく定額法

(3) 重要な引当金の計上基準 ···

貸倒引当金

　　売上債権，貸付金等の貸倒損失に備えるため，一般債権について貸倒実績率により計上しているほか，貸倒懸念債権等特定の債権については，債権の回収可能性を個別に検討して計上しております。

役員退職慰労引当

　　連結子会社においては，役員の退職による退職慰労金の支出に備えるため，内規に基づく当連結会計年度末要支給額を計上しております。

環境対策引当金

　　ポリ塩化ビフェニル（PCB）廃棄物の処理等，環境対策に伴い発生する損失の見積額を計上しております。

(4) 退職給付に係る会計処理の方法 ·······································

① 退職給付見込額の期間帰属方法

退職給付債務の算定にあたり，退職給付見込額を当連結会計年度末までの期

間に帰属させる方法については，主として給付算定式基準によっております。

② **数理計算上の差異及び過去勤務費用の費用処理方法**

過去勤務費用は，主としてその発生時の従業員の平均残存勤務期間以内の一定の年数（1年～10年）による定額法により費用処理しております。

数理計算上の差異については，主として各連結会計年度の発生時における従業員の平均残存勤務期間以内の一定の年数（1年～15年）による定額法により按分した額をそれぞれ発生の翌連結会計年度から費用処理しております。

(5) 重要な収益及び費用の計上基準 ···

当社及び連結子会社の顧客との契約から生じる収益は，顧客との契約に定められる対価に基づき測定しています。顧客との契約に関する主要な事業における主な履行義務の内容及び当該履行義務を充足する通常の時点（収益を認識する通常の時点）は以下のとおりであります。

なお，主要な事業における顧客との契約に係る約束した対価は，履行義務の充足時点から，通常1年以内に支払を受けており，約束した対価の金額に重要な金融要素は含まれていないため，その影響について対価の調整を行っている顧客との契約はありません。

① **コマーシャル不動産事業セグメント**

主に開発・保有するオフィスビルや商業施設等を賃貸する事業及び開発・保有するオフィスビルや商業施設等を販売する事業を行っています。

■不動産賃貸事業

開発・保有するオフィスビルや商業施設等を賃貸しており，賃貸借取引については「リース取引に関する会計基準」（企業会計基準第13号 2007年3月30日。以下「リース会計基準」という。）等に従い収益を認識しています。

■不動産販売事業

開発・保有するオフィスビルや商業施設等を販売しており，顧客へ不動産を引渡した時点で収益を認識しています。

■その他

その他，ビル運営・管理事業，ホテル事業等を行っています。

(point) 財務諸表

この項目では，連結ではなく単体の貸借対照表と，損益計算書の内訳を確認することができる。連結＝単体＋子会社なので，会社によっては単体の業績を調べて連結全体の業績予想のヒントにする場合があるが，あまりその必要性がある企業は多くない。

ビル運営・管理事業については，オフィスビルや商業施設等の運営及び不動産管理サービスを提供しており，建物全体の管理者として管理業務全般を通じた統括管理の責任を負い，保安警備業務，設備管理業務，清掃業務，植栽業務等の各種管理業務を契約期間のもと実施することにより建物管理業務を提供しています。これらのサービスは，その履行義務の充足につれて顧客がサービスの提供を受けると同時に消費するため，顧客との契約期間にわたり収益を認識しており，時の経過に基づき，顧客への請求金額により測定しています。また，賃借人より内部造作工事等の請負を行っております。ビル運営・管理事業における顧客との内部造作工事等の請負工事契約は，履行義務を充足するにつれて顧客が資産を支配することから，顧客との契約期間にわたり，発生原価に基づき工事の進捗度に応じて収益を認識しています。なお，契約における取引開始日から完全に履行義務を充足すると見込まれる期間がごく短い場合には，重要性等に関する代替的な取扱いに基づき一定の期間にわたり収益を認識せず，履行義務を充足した時点で収益を認識しています。

　ホテル事業については，当社及び連結子会社が保有する建物においてホテル経営を行っております。ホテル事業に係る収益は，履行義務の充足につれて顧客がサービスの提供を受けると同時に消費するため，顧客による施設利用期間にわたり認識しております。

② **住宅事業セグメント**

　主に開発したマンション・戸建住宅等の建設・販売・賃貸を行うほか，マンション・住宅の管理業務受託及び注文住宅事業等を行っています。

■マンション販売事業

　用地の仕入から施工まで行ったマンションの各分譲住戸を顧客へ販売しており，顧客へ不動産を引渡した時点で収益を認識しています。

■住宅の管理業務受託事業

　マンション・住宅等の不動産管理サービスを行っており，建物全体の管理者として管理業務全般を通じた統括管理の責任を負い，保安警備業務，設備管理業務，清掃業務，植栽業務等の各種管理業務を契約期間のもと実施することにより建物管理業務を提供しています。当該サービスは，その履行義務の充足につれて顧客

がサービスの提供を受けると同時に消費するため，顧客との契約期間にわたり収益を認識しており，時の経過に基づき，顧客への請求金額により測定しています。

■注文住宅事業

注文住宅の受注販売を行っており，顧客との建物請負工事契約に基づき，顧客の土地に住宅を建設し引渡しを行っています。当該サービスは，履行義務を充足するにつれて顧客が資産を支配することから，顧客との契約期間にわたり，発生原価に基づき工事の進捗度に応じて収益を認識しています。なお，契約における取引開始日から完全に履行義務を充足すると見込まれる期間がごく短い場合には，重要性等に関する代替的な取扱いに基づき一定の期間にわたり収益を認識せず，顧客へ不動産を引渡した時点で収益を認識しています。

■その他

その他，マンションのリノベーション販売，不動産仲介，賃貸マンションの賃貸等を行っております。マンションのリノベーション販売については，顧客へ不動産を引渡した時点で収益を認識しています。不動産仲介サービスは，顧客との不動産媒介契約に基づき，顧客のために不動産売買契約及び不動産賃貸借契約を成約させ不動産の引渡しを行うサービスを提供しています。当該サービスは，仲介物件の引渡しが完了した時点で収益を認識しております。賃貸マンションの賃貸に係る賃貸借取引については，リース会計基準等に従い収益を認識しています。

③　海外事業セグメント

海外においてオフィスビル，住宅，商業施設等を開発する事業や賃貸する事業を行っています。不動産賃貸事業においては，リース会計基準等に従い収益を認識しています。また，開発・保有するオフィスビル等を顧客へ販売した場合は，顧客へ不動産を引き渡した時点で収益を認識しています。なお，在外連結子会社の財務諸表について，「連結財務諸表作成における在外子会社等の会計処理に関する当面の取扱い」（実務対応報告第18号 2019年6月28日。以下「実務対応報告第18号」という。）に基づき国際財務報告基準（IFRS）又は米国会計基準に準拠して作成されている場合は，当該財務諸表を利用しています。

④　投資マネジメント事業セグメント

不動産投資に関する総合的サービスの提供を行っており，主に投資法人及び不

動産ファンド等に対して資産運用サービスを提供しています。資産運用サービスの収益には，契約期間における資産運用報酬のほか，物件取得時や物件売却時の成功報酬が含まれています。資産運用報酬には，管理する資産額に契約で定められた率を乗じて計算したものと，資産運用成績に基づき契約で定められた率を乗じて計算した変動報酬が含まれます。資産運用報酬は，顧客との契約における義務を履行するにつれて顧客がサービスの提供を受けると同時に消費するため，顧客との契約期間にわたり，最頻値法に基づき不確実性が事後的に解消される際に，解消される時点までに計上された収益の著しい減額が発生しない可能性が高い部分に限り収益を認識しています。物件取得時や物件売却時の成功報酬については，履行義務が充足された時点で収益を認識しています。なお，在外連結子会社の財務諸表について，実務対応報告第18号に基づき国際財務報告基準（IFRS）又は米国会計基準に準拠して作成されている場合は，当該財務諸表を利用しています。

⑤ **設計監理・不動産サービス事業**

設計監理事業及び不動産サービス事業を行っています。

■**設計監理事業**

ビルの設計監理サービスをビル建設が完了するまで提供しています。当該サービスは，履行義務を充足するにつれて顧客が資産を支配することから，顧客との契約期間にわたり，発生原価に基づき工事の進捗度に応じて収益を認識しています。なお，契約における取引開始日から完全に履行義務を充足すると見込まれる期間がごく短い場合には，重要性等に関する代替的な取扱いに基づき一定の期間にわたり収益を認識せず，履行義務を充足した時点で収益を認識しています。

■**不動産サービス事業**

駐車場の運営サービス及び不動産仲介サービスを提供しています。駐車場の運営サービスは，顧客が所有する駐車場について，駐車場全体の管理者として管理業務全般を通じた統括管理責任を負い，保安警備業務，設備管理業務，清掃業務等の各種管理業務を契約期間のもと実施することにより駐車場管理運営業務を提供しています。駐車場管理運営業務は，その履行義務の充足につれて顧客がサービスの提供を受けると同時に消費するため，顧客との契約期間にわたり収益を認識しており，時の経過に基づき，顧客への請求金額により測定しています。

不動産仲介サービスは，顧客との不動産媒介契約に基づき，顧客のために不動産売買契約及び不動産賃貸借契約を成約させ不動産の引渡しを行うサービスを提供しています。当該サービスは，仲介物件の引渡しが完了した時点で収益を認識しております。

オペレーティング・リース取引に係る収益の計上基準

リース契約期間に基づくリース契約上の収受すべき月当たりのリース料を基準として，その経過期間に対応するリース料を計上しております。

ファイナンス・リース取引に係る収益の計上基準

リース料受取時に売上高と売上原価を計上する方法によっております。

(6) 重要な外貨建の資産又は負債の本邦通貨への換算の基準 ·················

在外子会社の資産及び負債は当該子会社の決算日の直物為替相場，収益及び費用は期中平均相場により円貨に換算し，換算差額は純資産の部の為替換算調整勘定として表示しております。

(7) 重要なヘッジ会計の方法 ··

① ヘッジ会計の方法

原則として繰延ヘッジ処理を採用しております。

なお，特例処理の要件を満たしている金利スワップについては特例処理を，振当処理の要件を満たしている通貨スワップについては振当処理を採用しております。

② ヘッジ手段とヘッジ対象 ··

ヘッジ手段	ヘッジ対象
金利スワップ	借入金
通貨スワップ	借入金・社債
借入金	在外子会社持分

③ ヘッジ方針

リスクヘッジ取引は，「市場リスク管理規定」及び「リスク別管理要項」等の内規に基づき，金利変動リスク，為替変動リスクのヘッジを目的としております。

④ ヘッジ有効性評価の方法

ヘッジ対象の相場変動又はキャッシュ・フロー変動の累計とヘッジ手段の相場変動又はキャッシュ・フロー変動の累計を比較し，その変動額の比率によって有

効性を評価しております。

　ただし，特例処理によっている金利スワップについては，有効性の評価を省略しております。

　（「LIBORを参照する金融商品に関するヘッジ会計の取扱い」を適用しているヘッジ関係）

　上記のヘッジ関係のうち，「LIBORを参照する金融商品に関するヘッジ会計の取扱い」（実務対応報告第40号 2022年3月17日）の適用範囲に含まれるヘッジ関係のすべてに，当該実務対応報告に定められる特例的な取扱いを適用しております。当該実務対応報告を適用しているヘッジ関係の内容は，以下のとおりであります。

　ヘッジ会計の方法・・・繰延ヘッジ処理，金利スワップの特例処理

　ヘッジ手段・・・金利スワップ取引，通貨スワップ取引

　ヘッジ対象・・・借入金，社債

　ヘッジ取引の種類・・・キャッシュ・フローを固定するもの

（8）　のれんの償却方法及び償却期間

　のれんの償却については，5年間の均等償却を行っております。ただし，その効果の発現する期間の見積りが可能な場合には，その見積期間で均等償却し，僅少なものについては一括償却しております。

（9）　連結キャッシュ・フロー計算書における資金の範囲

　連結キャッシュ・フロー計算書における資金（現金及び現金同等物）は，以下のものを対象としております。

①　手許現金

②　随時引き出し可能な預金

③　容易に換金可能であり，かつ価値の変動について僅少なリスクしか負わない取得日から3か月以内に償還期限の到来する短期投資

（10）　消費税等の会計処理

　控除対象外消費税及び地方消費税は，当連結会計年度の費用として処理しております。

（重要な会計上の見積り）

1 有形固定資産の評価 ……………………………………………………

(1) 当年度の連結財務諸表に計上した金額 ……………………………

（単位：百万円）

	前連結会計年度	当連結会計年度
有形固定資産	4,345,989	4,416,214
減損損失	3,866	3,535

(2) その他の情報 ……………………………………………………………

① 当年度の連結財務諸表に計上した金額の算出方法

　当社グループは，有形固定資産として主にオフィスビル，商業施設，アウトレットモール，ホテル，物流施設等の不動産を保有しております。保有する有形固定資産が固定資産の減損に係る会計基準に従い，減損が生じている可能性を示す事象（減損の兆候）がある資産又は資産グループについて，当該資産又は資産グループから得られる割引前将来キャッシュ・フローの総額が帳簿価額を下回る場合には，帳簿価額を回収可能価額まで減額し，当該減少額を減損損失として計上しております。

　減損損失を認識するかどうかの判定と減損損失の測定において行われる資産のグルーピングは，他の資産又は資産グループのキャッシュ・フローから概ね独立したキャッシュ・フローを生み出す最小の単位としております。

　回収可能価額には正味売却価額と使用価値のいずれか高い方を用いており，正味売却価額は，不動産鑑定士による鑑定評価額等もしくは売買予定価格を使用し，使用価値は，将来キャッシュ・フローを現在価値に割り引いて算出しております。

② 主要な仮定

　当社グループでは，原則個別物件毎に賃料・設備投資額・割引率等の見積りを行っております。また，見積りを行う際にはアセットタイプ毎に主要な仮定をおいたうえで，個別物件の状況を勘案して見積りを行っております。

　当連結会計年度において見積りを行った際の主要な仮定は以下になります。

■　オフィス

　平均賃料の実績は足元では上昇傾向が持続しており，翌連結会計年度においても持続すると想定しております。空室率は空室の埋め戻しに時間を要してい

ることから，新型コロナウイルス感染症拡大以前よりも高い水準で推移しておりますが，翌連結会計年度以降は空室の埋め戻しに要する時間も徐々に平年並みに改善すると想定しております。

■ 商業施設・アウトレットモール

商業施設・アウトレットモールの賃料は，テナントの売上高に連動した変動賃料を含むことから，商業施設・アウトレットモールのテナント売上高と関連性があります。当連結会計年度は上期においては，新型コロナウイルス感染症の影響を受けましたが，下期に入ると徐々に事業環境が改善しました。翌連結会計年度以降に関しては，経済は正常化に向かっており，新型コロナウイルス感染症の影響は限定的と想定しております。

■ ホテル

当連結会計年度の上期においては，新型コロナウイルス感染症の影響が残りましたが，下期に入ると徐々に事業環境が改善しました。足元ではインバウンドの回復が顕著になっており，翌連結会計年度以降に関してもその傾向が継続するものと想定しております。見積りにおいては，世界の航空需要や観光需要の見通しを総合的に勘案し，2024年頃を目途に新型コロナウイルス感染症の影響を受ける前の水準までホテル需要が回復すると想定しております。

■ 物流施設

物流施設は，引き続き市場動向が好調であることから翌連結会計年度以降についても市場動向と同様に堅調に推移していくと想定しております。

■ 再開発プロジェクト

当社グループは，複数の再開発プロジェクトに従事しておりますが，再開発プロジェクトについては，計画の遅延や変更が生じる結果，当初見込みよりも収益性が低下する潜在的なリスク（再開発予定地区における他の地権者からの合意がとれないリスク，自治体から開発許可が下りないリスク等）が存在します。

再開発プロジェクトについては，これらの様々なリスクを総合的に評価しておりますが，現在進行中の再開発プロジェクトについては，コスト増など事業環境の悪化に対して様々な施策を実施することで一定の収益性を確保しながら

開発が進行すると見込んでおります。

③ 翌年度の連結財務諸表に与える影響

　減損損失は②主要な仮定の記載に基づき見積りを行っているため，減損損失の算定に用いた主要な仮定が悪化した場合，翌連結会計年度において追加の減損損失が計上される可能性があります。

2　棚卸資産の評価

（1）　当年度の連結財務諸表に計上した金額

（単位：百万円）

	前連結会計年度	当連結会計年度
販売用不動産	41,239	65,252
仕掛販売用不動産	299,532	420,956
評価損計上額	380	218

（2）　その他の情報

① 当年度の連結財務諸表に計上した金額の算出方法

　当社グループは，棚卸資産の評価に関する会計基準に従い，収益性の低下により正味売却価額が帳簿価額を下回った場合には，正味売却価額まで減額し，当該減少額を評価損として計上しております。なお，正味売却価額は，販売見込額から見積追加工事原価及び見積販売経費を控除したものであります。

② 主要な仮定

　当連結会計年度において正味売却価額を見積った際の主要な仮定は以下になります。

　直近の契約進捗率及び成約価格やモデルルームの来場件数等の状況を考慮し，概ね当初の事業計画通りもしくは好調に進捗しているプロジェクトは，当初事業計画に基づき正味売却価額の見積りを行っております。また，当初の事業計画から悪化しているプロジェクトについては，進捗状況，近隣の市場価格，追加コストの発生状況等の各プロジェクトの固有の状況を勘案して，修正した事業計画に基づいて見積りを行っております。

　その他，分譲マンション事業に関連する着工前の開発用土地は，販売に至るまでの期間において，プロジェクトの遅延や計画変更が生じる結果，当初見込みよ

りも収益性が低下する潜在的なリスク（将来の販売価格が下落するリスク，供給過剰が生じるリスク，自治体から開発許可が下りないリスク，近隣との協議により工事が遅延するリスク等）が存在します。

着工前の開発用土地については，これらの様々なリスクを総合的に評価しておりますが，現在進行中の着工前のプロジェクトについては，コスト増など事業環境の悪化に対して様々な施策を実施することで一定の収益性を確保しながら開発が進行すると見込んでおります。

③ **翌年度の連結財務諸表に与える影響**

棚卸資産の評価については，②主要な仮定の記載に基づき低価法により簿価の切り下げを行っております。そのため，棚卸資産の評価に用いた主要な仮定に変動があった場合，翌連結会計年度において追加の評価損が計上される可能性があります。

3　エクイティ出資の評価

(1)　当年度の連結財務諸表に計上した金額

（単位：百万円）

	前連結会計年度	当連結会計年度
エクイティ出資	624,521	716,416

(2)　その他の情報

① **当年度の連結財務諸表に計上した金額の算出方法**

当社グループは，金融商品に関する会計基準に従い，市場価格のないエクイティ出資は，実質価額が著しく低下した場合には相当の減額をなし，当該減少額をエクイティ出資評価損として計上しております。実質価額の算出にあたっては，出資先が保有する資産について，その保有目的ごとに評価しております。

② **主要な仮定**

主要な仮定については，出資先が保有する資産について，その保有目的ごとに定めております。当該資産の仮定は1　有形固定資産の評価，2　棚卸資産の評価をご参照ください。

③ **翌年度の連結財務諸表に与える影響**

エクイティ出資評価損は②主要な仮定の記載に基づき見積りを行っています。そのため，主要な仮定に変動があった場合，翌年度において追加のエクイティ出資評価損が計上される可能性があります。

（会計方針の変更）
（時価の算定に関する会計基準の適用指針の適用）
「時価の算定に関する会計基準の適用指針」（企業会計基準適用指針第31号2021年6月17日。以下，「時価算定会計基準適用指針」という。）を当連結会計年度の期首から適用し，時価算定会計基準適用指針第27-2項に定める経過的な取扱いに従って，時価算定会計基準適用指針が定める新たな会計方針を将来にわたって適用することといたしました。なお，当連結会計年度の連結財務諸表に与える影響は軽微であります。

（未適用の会計基準等）
・「法人税，住民税及び事業税等に関する会計基準」（企業会計基準第27号2022年10月28日企業会計基準委員会）
・「包括利益の表示に関する会計基準」（企業会計基準第25号2022年10月28日企業会計基準委員会）
・「税効果会計に係る会計基準の適用指針」（企業会計基準適用指針第28号2022年10月28日企業会計基準委員会）
(1)　概要
　2018年2月に企業会計基準第28号「『税効果会計に係る会計基準』の一部改正」等（以下「企業会計基準第28号等」）が公表され，日本公認会計士協会における税効果会計に関する実務指針の企業会計基準委員会への移管が完了されましたが，その審議の過程で，次の2つの論点について，企業会計基準28号等の公表後に改めて検討を行うこととされていたものが，審議され，公表されたものであります。
・税金費用の計上区分（その他の包括利益に対する課税）
・グループ法人税制が適用される場合の子会社株式等（子会社株式又は関連会

社株式）の売却に係る税効果

(2)　適用予定日

　2025年3月期の期首から適用します。

(3)　当該会計基準等の適用による影響

　「法人税，住民税及び事業税に関する会計基準」等の適用による連結財務諸表に与える影響額については，現時点で評価中であります。

(1)　財務諸表 ···

①　貸借対照表

（単位：百万円）

	前事業年度 （2022年3月31日）	当事業年度 （2023年3月31日）
資産の部		
流動資産		
現金及び預金	117,015	※2 53,711
営業未収入金及び契約資産	※1 27,378	※1 31,422
販売用不動産	9,423	23,349
仕掛販売用不動産	30,239	33,637
開発用不動産	724	719
エクイティ出資	※4 369,205	※4 371,997
関係会社短期貸付金	503,515	647,673
その他	※1,※2 21,535	※1,※2 52,521
貸倒引当金	△4,790	△6,400
流動資産合計	1,074,246	1,208,632
固定資産		
有形固定資産		
建物及び構築物	765,666	759,388
機械装置及び運搬具	1,897	1,499
土地	1,581,189	1,644,235
信託土地	564,021	554,148
建設仮勘定	50,754	70,277
その他	8,491	8,567
有形固定資産合計	2,972,020	3,038,118
無形固定資産		
借地権	20,378	18,837
その他	13,880	13,359
無形固定資産合計	34,259	32,197
投資その他の資産		
投資有価証券	※1,※2 259,485	※1,※2 269,286
関係会社株式	※2 517,712	※2 540,895
長期貸付金	※1 34,129	※1 41,444
敷金及び保証金	※1 121,797	※1 121,451
前払年金費用	26,615	35,955
その他	38,988	38,320
貸倒引当金	△166	△252
投資その他の資産合計	998,563	1,047,101
固定資産合計	4,004,842	4,117,417
資産合計	5,079,089	5,326,049

	前事業年度 （2022年3月31日）	当事業年度 （2023年3月31日）
負債の部		
流動負債		
営業未払金	※1 31,452	※1 31,799
短期借入金	44,504	81,832
1年内返済予定の長期借入金	54,757	182,952
1年内償還予定の社債	90,000	20,000
未払法人税等	9,621	4,031
預り金	※1 159,263	※1 199,277
その他	※1 28,242	※1 79,764
流動負債合計	417,841	599,657
固定負債		
社債	780,584	820,584
長期借入金	1,370,531	1,390,134
受入敷金保証金	※1 389,001	※1 382,694
繰延税金負債	152,980	156,936
再評価に係る繰延税金負債	263,344	263,344
退職給付引当金	3,240	3,376
環境対策引当金	888	582
負ののれん	53,753	53,753
その他	※1 60,962	※1 89,924
固定負債合計	3,075,286	3,161,331
負債合計	3,493,127	3,760,989
純資産の部		
株主資本		
資本金	142,414	142,414
資本剰余金		
資本準備金	171,526	171,526
資本剰余金合計	171,526	171,526
利益剰余金		
利益準備金	21,663	21,663
その他利益剰余金		
特別償却準備金	429	163
固定資産圧縮積立金	151,731	152,637
オープンイノベーション促進積立金	446	761
別途積立金	108,254	108,254
繰越利益剰余金	461,205	346,774
利益剰余金合計	743,730	630,255
自己株式	△132,483	△48,454
株主資本合計	925,187	895,741
評価・換算差額等		
その他有価証券評価差額金	130,809	136,415
繰延ヘッジ損益	△58	2,888
土地再評価差額金	529,822	529,822
評価・換算差額等合計	660,573	669,125
新株予約権	201	193
純資産合計	1,585,962	1,565,060
負債純資産合計	5,079,089	5,326,049

② 損益計算書

（単位：百万円）

	前事業年度 （自 2021年4月 1日 至 2022年3月31日）	当事業年度 （自 2022年4月 1日 至 2023年3月31日）
営業収益	*2 567,286	*2 523,275
営業原価	*2 415,476	*2 396,820
営業総利益	151,809	126,454
販売費及び一般管理費	*1,*2 31,017	*1,*2 32,253
営業利益	120,792	94,201
営業外収益		
受取利息	*2 3,727	*2 4,952
受取配当金	*2 32,322	*2 36,216
その他	*2 3,379	*2 3,393
営業外収益合計	39,428	44,563
営業外費用		
支払利息	*2 8,672	*2 10,530
社債利息	8,692	7,927
固定資産除却損	5,817	4,209
その他	*2 8,104	*2 8,240
営業外費用合計	31,286	30,908
経常利益	128,934	107,856
特別利益		
固定資産売却益	6,775	8,870
投資有価証券売却益	7,941	3,303
環境対策引当金戻入益	3,576	―
特別利益合計	18,293	12,173
特別損失		
固定資産除却関連損	13,410	17,741
関係会社株式評価損	―	7,315
エクイティ出資評価損	―	4,636
子会社債権放棄損	*2 6,100	―
関係会社貸倒引当金繰入額	4,333	―
特別損失合計	23,844	29,693
税引前当期純利益	123,383	90,336
法人税、住民税及び事業税	28,175	22,256
法人税等調整額	1,594	671
法人税等合計	29,770	22,928
当期純利益	93,612	67,408

【営業原価明細書】

区分	前事業年度 (自　2021年4月 1日 至　2022年3月31日) 金額（百万円）	構成比 (%)	当事業年度 (自　2022年4月 1日 至　2023年3月31日) 金額（百万円）	構成比 (%)
不動産賃借料	142,734	34.4	142,954	36.0
減価償却費	50,207	12.1	49,856	12.6
租税公課	46,043	11.1	47,826	12.1
水道光熱費	27,631	6.6	35,074	8.8
建物管理費用	29,222	7.0	29,621	7.5
不動産販売原価	58,937	14.2	27,981	7.0
人件費	12,505	3.0	13,516	3.4
運営委託費	11,266	2.7	11,138	2.8
借地料	5,948	1.4	5,977	1.5
修繕維持費	4,585	1.1	5,900	1.5
その他諸経費	26,393	6.4	26,972	6.8
合計	415,476	100.0	396,820	100.0

前事業年度（自　2021年4月1日　至　2022年3月31日）

（単位：百万円）

	株主資本								
	資本金	資本剰余金		利益剰余金					
		資本準備金	資本剰余金合計	利益準備金	その他利益剰余金				
					特別償却準備金	固定資産圧縮積立金	オープンイノベーション促進積立金	別途積立金	繰越利益剰余金
当期首残高	142,279	171,390	171,390	21,663	855	151,496	208	108,254	414,787
当期変動額									
新株の発行	135	135	135						
剰余金の配当									△46,774
当期純利益									93,612
自己株式の取得									
自己株式の処分									△0
自己株式の消却									
株式交換による変動									△373
特別償却準備金の取崩					△426				426
固定資産圧縮積立金の積立						3,482			△3,482
固定資産圧縮積立金の取崩						△3,248			3,248
オープンイノベーション促進積立金の積立							237		△237
株主資本以外の項目の当期変動額（純額）									
当期変動額合計	135	135	135	−	△426	234	237	−	46,418
当期末残高	142,414	171,526	171,526	21,663	429	151,731	446	108,254	461,205

| | 株主資本 | | | 評価・換算差額等 | | | | 新株予約権 | 純資産合計 |
	利益剰余金合計	自己株式	株主資本合計	その他有価証券評価差額金	繰延ヘッジ損益	土地再評価差額金	評価・換算差額等合計		
当期首残高	697,266	△105,216	905,720	118,090	△1,431	529,822	646,482	231	1,552,434
当期変動額									
新株の発行			270						270
剰余金の配当	△46,774		△46,774						△46,774
当期純利益	93,612		93,612						93,612
自己株式の取得		△30,014	△30,014						△30,014
自己株式の処分	△0	31	31						31
自己株式の消却									−
株式交換による変動	△373	2,715	2,342						2,342
特別償却準備金の取崩									−
固定資産圧縮積立金の積立									−
固定資産圧縮積立金の取崩									−
オープンイノベーション促進積立金の積立									−
株主資本以外の項目の当期変動額（純額）				12,718	1,373		14,091	△30	14,060
当期変動額合計	46,464	△27,267	19,467	12,718	1,373	−	14,091	△30	33,527
当期末残高	743,730	△132,483	925,187	130,809	△58	529,822	660,573	201	1,585,962

当事業年度（自　2022年4月1日　至　2023年3月31日）

（単位：百万円）

	株主資本								
		資本剰余金		利益剰余金					
						その他利益剰余金			
	資本金	資本準備金	資本剰余金合計	利益準備金	特別償却準備金	固定資産圧縮積立金	オープンイノベーション促進積立金	別途積立金	繰越利益剰余金
当期首残高	142,414	171,526	171,526	21,663	429	151,731	446	108,254	461,205
当期変動額									
新株の発行									
剰余金の配当									△51,587
当期純利益									67,408
自己株式の取得									
自己株式の処分									△10
自己株式の消却									△129,285
株式交換による変動									
特別償却準備金の取崩					△266				266
固定資産圧縮積立金の積立						4,469			△4,469
固定資産圧縮積立金の取崩						△3,562			3,562
オープンイノベーション促進積立金の積立							315		△315
株主資本以外の項目の当期変動額（純額）									
当期変動額合計	－	－	－	－	△266	906	315	－	△114,430
当期末残高	142,414	171,526	171,526	21,663	163	152,637	761	108,254	346,774

| | 株主資本 | | | 評価・換算差額等 | | | | 新株予約権 | 純資産合計 |
	利益剰余金合計	自己株式	株主資本合計	その他有価証券評価差額金	繰延ヘッジ損益	土地再評価差額金	評価・換算差額等合計		
当期首残高	743,730	△132,483	925,187	130,809	△58	529,822	660,573	201	1,585,962
当期変動額									
新株の発行									－
剰余金の配当	△51,587		△51,587						△51,587
当期純利益	67,408		67,408						67,408
自己株式の取得		△45,822	△45,822						△45,822
自己株式の処分	△10	565	555						555
自己株式の消却	△129,285	129,285							－
株式交換による変動									－
特別償却準備金の取崩									－
固定資産圧縮積立金の積立									－
固定資産圧縮積立金の取崩									－
オープンイノベーション促進積立金の積立									－
株主資本以外の項目の当期変動額（純額）				5,606	2,946		8,552	△8	8,544
当期変動額合計	△113,475	84,029	△29,446	5,606	2,946	－	8,552	△8	△20,901
当期末残高	630,255	△48,454	895,741	136,415	2,888	529,822	669,125	193	1,565,060

【注記事項】

（重要な会計方針）

1　有価証券の評価基準及び評価方法 ·······················

満期保有目的の債券　　償却原価法（定額法）

子会社及び関連会社株式　移動平均法による原価法

その他有価証券

市場価格のない株式等以外のもの

時価法（評価差額は全部純資産直入法により処理し，売却原価は主として移動平均法により算定）

市場価格のない株式等

主として移動平均法による原価法

エクイティ出資

市場価格のない株式等以外のもの

時価法（評価差額は全部純資産直入法により処理し，売却原価は主として移動平均法により算定）。なお，投資事業有限責任組合及びそれに類する組合への出資（金融商品取引法第2条第2項により有価証券とみなされるもの）については，組合契約に規定される決算報告日に応じて入手可能な直近の決算書を基礎とし，持分相当額を純額で取り込む方法によっております。

市場価格のない株式等

主として移動平均法による原価法

2　デリバティブ等の評価基準及び評価方法 ·······················

デリバティブ　　時価法

3　棚卸資産の評価基準及び評価方法 ·······················

販売用不動産　　個別法による原価法

（貸借対照表価額については収益性の低下に基づく簿価切下げの方法により算定）

仕掛販売用不動産　　同上

開発用不動産　　同上

4　固定資産の減価償却の方法 ·································

有形固定資産　　定率法

ただし，横浜ランドマークタワー及び1998年4月1日以降に取得した建物（建物附属設備を除く）並びに2016年4月1日以降に取得した建物附属設備及び構築物については定額法

無形固定資産　　定額法

5　繰延資産の処理方法 ··

社債発行費　　支出時に全額費用処理

6　引当金の計上基準 ··

（1）　貸倒引当金 ··

売上債権，貸付金等の貸倒損失に備えるため，一般債権について貸倒実績率により計上しているほか，貸倒懸念債権等特定の債権については，債権の回収可能性を個別に検討して計上しております。

（2）　退職給付引当金 ··

従業員の退職による給付及び執行役員の退職による退職慰労金の支払いに備えるため，従業員については当事業年度末における退職給付債務及び年金資産の見込額に基づき，執行役員については内規に基づく当事業年度末における要支給額を計上しております。

従業員に係る退職給付債務の算定にあたり，退職給付見込額を当事業年度末までの期間に帰属させる方法については，給付算定式基準によっております。

過去勤務費用及び数理計算上の差異は，発生時の従業員の平均残存勤務期間以内の一定年数（10年）による定額法により，過去勤務費用は発生時より，数理計算上の差異は翌事業年度より，それぞれ費用処理しております。

(3) 環境対策引当金 ···

ポリ塩化ビフェニル（PCB）廃棄物の処理等，環境対策に伴い発生する損失の見積額を計上しております。

7 重要な収益及び費用の計上基準 ···

当社の顧客との契約から生じる収益は，顧客との契約に定められる対価に基づき測定しています。顧客との契約に関する主要な事業における主な履行義務の内容及び当該履行義務を充足する通常の時点（収益を認識する通常の時点）は以下のとおりであります。なお，主要な事業における顧客との契約に係る約束した対価は，履行義務の充足時点から，通常1年以内に支払を受けており，約束した対価の金額に重要な金融要素は含まれていないため，その影響について対価の調整を行っている顧客との契約はありません。

当社は主に開発・保有するオフィスビルや商業施設等を賃貸する事業，及び開発・保有するオフィスビルや商業施設等を販売する事業を行っています。不動産賃貸事業では開発・保有するオフィスビルや商業施設等を賃貸しており，賃貸借取引については「リース取引に関する会計基準」（企業会計基準第13号 2007年3月30日）等に従い収益を認識しています。

不動産販売業では開発・保有するオフィスビルや商業施設等の不動産を販売しており，不動産販売による収益は顧客へ不動産を引渡した時点で認識しています。

オペレーティング・リース取引に係る収益の計上基準リース契約期間に基づくリース契約上の収受すべき月当たりのリース料を基準として，その経過期間に対応するリース料を計上しております。

ファイナンス・リース取引に係る収益の計上基準リース料受取時に売上高と売上原価を計上する方法によっております。

8 ヘッジ会計の方法 ···
(1) ヘッジ会計の方法 ···

原則として繰延ヘッジ処理を採用しております。なお，特例処理の要件を満たしている金利スワップについては特例処理を，振当処理の要件を満たしている通

貨スワップ及び為替予約については振当処理を採用しております。

（2） ヘッジ手段とヘッジ対象

ヘッジ手段	ヘッジ対象
金利スワップ	借入金
通貨スワップ	借入金・社債
借入金	在外子会社持分

（3） ヘッジ方針

当社のリスクヘッジ取引は，当社の内規である「市場リスク管理規定」及び「リスク別管理要項」に基づき，金利変動リスク，為替変動リスクのヘッジを目的としております。

（4） ヘッジ有効性評価の方法

ヘッジ対象の相場変動又はキャッシュ・フロー変動の累計とヘッジ手段の相場変動又はキャッシュ・フロー変動の累計を比較し，その変動額の比率によって有効性を評価しております。

ただし，特例処理によっている金利スワップについては，有効性の評価を省略しております。

（「LIBOR を参照する金融商品に関するヘッジ会計の取扱い」を適用しているヘッジ関係）

上記のヘッジ関係のうち，「LIBOR を参照する金融商品に関するヘッジ会計の取扱い」（実務対応報告第40号2022年3月17日）の適用範囲に含まれるヘッジ関係のすべてに，当該実務対応報告に定められる特例的な取扱いを適用しております。当該実務対応報告を適用しているヘッジ関係の内容は，以下のとおりであります。

ヘッジ会計の方法・・・繰延ヘッジ処理，金利スワップの特例処理

ヘッジ手段・・・金利スワップ取引，通貨スワップ取引

ヘッジ対象・・・借入金，社債

ヘッジ取引の種類・・・キャッシュ・フローを固定するもの

9 消費税等の会計処理

控除対象外消費税及び地方消費税は当事業年度の費用として処理しておりま

す。

（重要な会計上の見積り）

1 有形固定資産の評価 ……………………………………………………………………

（1） 当年度の財務諸表に計上した金額 …………………………………………………

（単位：百万円）

	前事業年度	当事業年度
有形固定資産	2,972,020	3,038,118

（2） その他の情報 ……………………………………………………………………

① 当年度の財務諸表に計上した金額の算出方法

　当社は，有形固定資産として主にオフィスビル，商業施設，ホテル，物流施設等の不動産を保有しております。保有する有形固定資産が固定資産の減損に係る会計基準に従い，減損が生じている可能性を示す事象（減損の兆候）がある資産又は資産グループについて，当該資産又は資産グループから得られる割引前将来キャッシュ・フローの総額が帳簿価額を下回る場合には，帳簿価額を回収可能価額まで減額し，当該減少額を減損損失として計上しております。

　減損損失を認識するかどうかの判定と減損損失の測定において行われる資産のグルーピングは，他の資産又は資産グループのキャッシュ・フローから概ね独立したキャッシュ・フローを生み出す最小の単位としております。回収可能価額には正味売却価額と使用価値のいずれか高い方を用いており，正味売却価額は，不動産鑑定士による鑑定評価額等もしくは売買予定価格を使用し，使用価値は，将来キャッシュ・フローを現在価値に割り引いて算出しております。

② 主要な仮定

　当社では，原則個別物件毎に見積りを行っております。また，見積りを行う際にはアセットタイプ毎に主要な仮定をおいたうえで，個別物件の状況を勘案して見積りを行っております。

　当年度において見積りを行った際の主要な仮定は以下になります。

■ オフィス

　平均賃料の実績は前事業年度に続き高い水準で堅調に推移しており，翌事業

年度においても堅調に推移すると想定しております。空室率は当事業年度にお
いてリーシングが堅調に進み，空室率が改善しました。翌事業年度以降におい
ても空室率は安定的に推移すると想定しております。

■　商業施設

商業施設の賃料は，テナントの売上高に連動した変動賃料を含むことから，
商業施設のテナント売上高と関連性があります。当事業年度は上期においては，
新型コロナウイルス感染症の影響を受けましたが，下期に入ると徐々に事業環
境が改善しました。翌事業年度以降に関しては，経済は正常化に向かっており，
新型コロナウイルス感染症の影響は限定的と想定しております。

■　ホテル

当事業年度の上期においては，新型コロナウイルス感染症の影響が残りまし
たが，下期に入ると徐々に事業環境が改善しました。足元ではインバウンドの
回復が顕著になっており，翌事業年度以降に関してもその傾向が継続するもの
と想定しております。見積りにおいては，世界の航空需要や観光需要の見通し
を総合的に勘案し，2024年頃を目途に新型コロナウイルス感染症の影響を受
ける前の水準までホテル需要が回復すると想定しております。

■　物流施設

物流施設は，引き続き市場動向が好調であることから翌事業年度以降につい
ても市場動向と同様に堅調に推移していくと想定しております。

■　再開発プロジェクト

当社は，複数の再開発プロジェクトに従事しておりますが，再開発プロジェ
クトについては，計画の遅延や変更が生じる結果，当初見込みよりも収益性が
低下する潜在的なリスク（再開発予定地区における他の地権者からの合意がと
れないリスク，自治体から開発許可が下りないリスク等）が存在します。

再開発プロジェクトについては，これらの様々なリスクを総合的に評価して
おりますが，現在進行中の再開発プロジェクトについては，コスト増など事業
環境の悪化に対して様々な施策を実施することで一定の収益性を確保しながら
開発が進行すると見込んでおります。

③　**翌年度の財務諸表に与える影響**

減損損失は②主要な仮定の記載に基づき見積りを行っているため，減損損失の算定に用いた主要な仮定が悪化した場合，翌年度において追加の減損損失が計上される可能性があります。

2　エクイティ出資の評価 ……………………………………………………
（1）　当年度の財務諸表に計上した金額 ………………………………………

（単位：百万円）

	前事業年度	当事業年度
エクイティ出資	369,205	371,997

（2）　その他の情報 ……………………………………………………………
①　当年度の財務諸表に計上した金額の算出方法
　当社は，金融商品に関する会計基準に従い，市場価格のないエクイティ出資は，実質価額が著しく低下した場合には相当の減額をなし，当該減少額をエクイティ出資評価損として計上しております。

　実質価額の算出にあたっては，出資先が保有する資産について，その保有目的ごとに評価しております。

②　主要な仮定
　主要な仮定については，出資先が保有する資産について，その保有目的ごとに定めております。当該資産の仮定は連結財務諸表 注記事項（重要な会計上の見積り）1 有形固定資産の評価及び 2 棚卸資産の評価をご参照ください。

③　翌年度の財務諸表に与える影響
　エクイティ出資評価損は②主要な仮定の記載に基づき見積りを行っています。そのため，主要な仮定に変動があった場合，翌事業年度において追加のエクイティ出資評価損が計上される可能性があります。

（会計方針の変更）
　（時価の算定に関する会計基準の適用指針の適用）
　「時価の算定に関する会計基準の適用指針」（企業会計基準適用指針第31号2021年6月17日。以下，「時価算定会計基準適用指針」という。）を当事業年度

の期首から適用し，時価算定会計基準適用指針第27-2項に定める経過的な取扱いに従って，時価算定会計基準適用指針が定める新たな会計方針を将来にわたって適用することといたしました。なお，当事業年度の財務諸表に与える影響は軽微であります。

第2章

建設・不動産業界の "今" を知ろう

企業の募集情報は手に入れた。しかし，それだけでは
まだ不十分。企業単位ではなく，業界全体を俯瞰する
視点は，面接などでもよく問われる重要ポイントだ。
この章では直近１年間の建設・不動産業界を象徴する
重大ニュースをまとめるとともに，今後の展望につい
て言及している。また，章末には建設・不動産業界に
おける有名企業（一部抜粋）のリストも記載してあるの
で，今後の就職活動の参考にしてほしい。

▶▶夢のあるまちづくり・住まいづくり

建設・不動産 業界の動向

> 建設・不動産は「建物」に関する業界で，「建設」「戸建て」「マンション」「住宅設備・機器」「建材」「リフォーム」「不動産」「不動産管理」などに大別される。

❖ 建設業界の動向

　ゼネコン（総合建設会社）が請け負う工事は，道路や橋，ダムなどインフラにかかわる「土木」と，ビルや住宅を造る「建築」に分類される。大林組・鹿島・清水建設・大成建設・竹中工務店の大手五社は，単体での売上げが1兆円を超える規模から「スーパーゼネコン」と呼ばれる。

　災害復興や東京五輪，大型再開発が追い風となり，近年の建設業界は好調が続いていた。東京五輪や都市部の再開発，リニア新幹線，大阪万博と大規模需要が見込まれていたが，コロナ禍によりこうした好調の動きは終わりを迎えた。

　コロナ禍がひと段落し，首都圏の再開発案件や物流施設の新設など，建設需要自体は高まっているが，受注競争が熾烈になり，加えて資材高も業界を圧迫。担い手不足や高齢化も業界全体が抱える課題となっている。

●働き方改革と生産性の向上が課題に

　建設業界にとって，大きな課題は職人の高齢化および人手不足である。2022年度，建設現場で働く技能労働者は約305万人（日本建設業連合会調べ）で，近い将来には300万人を割り込む可能性が指摘されている。過酷な労働イメージから若者離れが進んだことが原因である。そこで日建連は，2025年までに新規入職者90万人の確保と，技術革新による35万人分の省人化を目標として掲げている。現場の働き方改革も必須で，業界では，社会保障を含む待遇の改善，就業時間短縮，週休2日制の定着といった動きが広がり始めた。

それと同時に，ロボットや人工知能 (AI)，情報通信技術 (ICT) を活用した重機の導入，工事工程の効率化など，質的改善を含めた生産性向上への取り組みにも，業界をあげて力を注いでいる。2016年4月，国土交通省は土木工事にICT（情報通信技術）を活用する基準「アイ・コンストラクション（建設生産性革命）」の導入を表明し，重機メーカーもICT対応製品・サービスの開発を進めたため，環境も整備されてきている。たとえば，コマツは，掘削から整地までのブレード操作を自動化したブルドーザや掘削時に設定された設計面に達すると自動停止するショベルなどを商品化している。また，DOXEL社からは，ドローン，3Dレーザースキャナを搭載したロボットにより自動で工事現場の点群データを集積・解析。その結果をBIMデータと照らし合わせることで，現場の進捗状況を報告してくれる商品が出ている。

❖ 不動産業界の動向

ビル賃貸やマンション分譲，商業施設の開発・運営などを幅広く手掛けるディベロッパーには，三井不動産，三菱地所，住友不動産，東急不動産ホールディングスの大手4社，森ビル，野村不動産ホールディングス，東京建物などが名を連ねる。これらのディベロッパーは，超低金利を背景とした融資環境の後押しもあり，近年は旺盛な投資意欲を見せている。

国が容積率などを緩和する国家戦略特区（都市再生特別地区）を都心の主要な地域に指定しているため，指定地区では大規模なオフィスビル・複合ビルの建設が相次いでいる。2017年4月，三菱地所は総額1兆円を投じて，東京駅の北側で大規模開発をスタートさせた。この事業の中心は，高さ日本一となる超高層ビルで，2027年度の完成を目指している。また，同駅の八重洲地区では，三井不動産と東京建物が，それぞれ再開発を進めており，渋谷駅では東急不動産が参画した「渋谷ストリーム」が開業。2019年11月には渋谷エリアでは最も高い地上47階建ての「渋谷スクランブルスクエア」が開業した。森ビルは2014年に開業した「虎ノ門ヒルズ」の隣接地区に，3つの高層ビルを中心とした大規模プロジェクトを計画中で，これには地下鉄日比谷線の新駅も含まれる。

不動産業界において，新型コロナウイルスの影響は軽微だったと見られている。テレワークの普及によりオフィスの解約や縮小の動きが進んだ一方

で，不動産大手が持つ都心の大型ビルの需要は底堅かった。また，不動産の売買も活発であり，海外投資家を中心に物流施設や賃貸住宅が積極的に取得された。

●新しい働き方にどのように対応していくか

　ビル賃貸事業は，新型コロナウイルスの影響により好調な状況にストップがかかった。オフィスビル空室率は，5％を下回ると賃料に上昇傾向が見られるが，東京都心5区（千代田，中央，港，新宿，渋谷）の空室率は，2023年6月で6.48％となっている。空室率のピークは一時期に比べて緩やかになってきており，一時はテレワーク中心の体制にしたものの、オフィスが足りなくなり再び契約するという動きもある。

　変化の著しいオフィス需要だが，長期的にみれば，少子化による労働人口の減少も想定されるため，多くのディベロッパーは新しい事業にも着手している。eコマース（電子商取引）や省人化投資に伴って需要が高まった大型／大型マルチテナント型物流施設には，三菱地所，三井不動産，野村不動産などの大手や大和ハウスなどハウスメーカー系も積極的に参入している。また，海外展開も盛んで，三井不動産は2021年に，商業施設「ららぽーと」を上海に開業。次いで2022年にマレーシアと台湾でも開業した。台湾では2026年をめどに3施設目も開業予定だ。すでにマレーシアで開業しているアウトレットパークのインドネシア，フィリピン，タイへの展開も検討している。また，ニューヨークで開発中だったオフィスビルが完成。同地区のもう1棟を合わせた投資額は5500億円となっている。ニューヨークでは，東急不動産も複合ビルの再開発事業に参画。三菱地所はバブル期に買収した米ロックフェラーグループを通じて既存の大型オフィスビルを大規模改修し，賃料アップを狙っている。

❖ 戸建て業界の動向

　戸建て住宅には，客の注文に応じて建てる注文住宅や設計・施工後に販売する分譲住宅がある。大手10社でもシェアは3割程度と，地域密着の工務店もがんばっている。

　2022年度の新設住宅着工戸数は前年比0.6％減の86万828戸，そのうち戸建て数は7.5％減の39万7556戸であった。注文住宅は木材や鋼材などの

価格高騰により建築コストが上昇した影響を受けた形となる。テレワークの普及により、広さを求めて賃貸マンションから戸建て住宅に移る動きもひと段落し、オフィス回帰の動きが進んだことも一因と考えられる。

●ゼネコンとの連携、異業種からの参入も始まる

ゼネコンの受注許容量が逼迫していることを受け、これまでゼネコンが手掛けていた案件を住宅メーカーが請けるチャンスも増えている。こういった流れのなか、ゼネコンとの資本提携やゼネコンを買収するメーカーも出ている。大和ハウスは準大手ゼネコンのフジタを100％子会社にし、マンションのコスモスイニシアへの出資も行っている。積水ハウスは、鴻池組の親会社鳳ホールディングスへ、旭化成ホームズは森組にそれぞれ出資している。住友林業と熊谷組は相互に出資を実施するなど、相互の関係を深めつつ、ゼネコンの守備範囲に食い込んでいる。

また、近年は業界内の再編も進んでいる。トヨタホームは約110億円を投じて、ミサワホームを子会社化した。2017年10月には、パナソニックがパナホームを完全子会社化し、家電から住宅部材まで手がける幅広い商品力で、他社との差別化を図る。2018年には、ヤマダ電機がヤマダ・エスバイエルホームを完全子会社化するなど、住宅業界以外企業による買収も行われている。

❖ マンション業界の動向

不動産経済研究所によれば、2022年における全国の新築マンション発売戸数は、前年比5.9％減の7万2967戸と前年を下回った。平均価格は5121万円で、こちらは6年連続で最高値を更新した。これは、地価と建築費の高騰が要因となっている。首都圏の平均価格は7700万円を突破。価格高騰にもかかわらず堅調な販売を見せている。都内では大型の再開発が進み、マンション用地の確保に高い費用がかかことから価格下落に転じる気配は薄いと見られる。また、工事現場の職人も不足しており、建設コストの上昇がそのまま値段に転嫁、反映される状況が続いている。そのため、購入希望者の一部は戸建て物件や中古物件に流れており、新築マンションの売れ行きが悪化している。そこで、マンション業界各社は、仲介事業や中古物件の販売など、ストックビジネスに力を注ぐ方針を示している。また、新

型コロナウイルスの影響により，リモートワークの普及に伴う住宅ニーズの変化も起きてきている。今後のトレンドの変化にいかに上手く迎合していくかが課題となっている。

●タワーマンションの増加で，インフラ整備に課題も

　近年は，共働きや高齢者の世帯が増え，住宅購入に際して，立地条件の利便性がとくに重視されるようになった。そのため，駅直結や徒歩5分以内で低層階に商業施設の入った，一体開発型のマンションは増加傾向にある。都内の有明や豊洲といった湾岸地区や千葉県の津田沼，相互乗り入れで多くの路線が使えるようになった武蔵小杉で，新たなタワーマンションの建設が進んでいる。

　しかし，高層階ほど安全性や耐久性に疑問が残ること，修繕費の高さと戸数の多さなどから大規模修繕が難しいことなど，課題も残っている。また，急速な人口の流入で，小学校が不足したり，通勤通学時に駅のホームが大混雑するなど，地域のインフラ整備の課題も浮き彫りになってきている。現に2019年10月に上陸した台風19号により，武蔵小杉のタワーマンションは大きな被害を受け，その模様は全国的なニュースとして報道された。

建設・不動産業界

直近の業界各社の関連ニュースを
ななめ読みしておこう。

万博の建設費、大阪府・市の負担は最大780億円に

2025年国際博覧会（大阪・関西万博）の会場建設費が従来計画から最大500億円上振れることになった。増額は20年以来2度目で、大阪府と大阪市の負担額は約780億円と当初計画から360億円ほど膨らむ見通し。追加の公費負担にはより丁寧な説明責任が求められる。

会場建設費は運営主体・日本国際博覧会協会（万博協会）が発注するメイン会場や大催事場などの整備に充てられる。資材高や人件費の高騰を背景に各工事の契約金額が当初予定を上回る事例が相次ぎ、全体の建設費は最大2350億円と500億円上振れることになった。

建設費は政府と大阪府・市、経済界が3分の1ずつ負担する仕組みで、この原則通りならば3者の負担は最大で167億円ずつ増える。協会は来週中にも政府や府・市、経済界に追加負担を要請するとみられる。

政府は月内に決める23年度補正予算案に万博関連経費を計上する方針。府・市や経済界も受け入れる場合は追加の財源確保が今後の課題となる。

会場建設費は誘致時点で1250億円だったが、会場デザインの変更などで20年に1850億円に増額した経緯がある。大阪府議会や大阪市議会はその後、さらなる増額が発生した場合、国が対応するよう求める意見書を可決した。

今年9月にも地域政党・大阪維新の会の府議団が吉村洋文知事に対し、増額分を国に負担してもらうよう要望しており、予算措置にはまず議会側の同意が壁となる。公費負担が膨らむため住民からの反発も予想されるが、大阪市幹部は「3分の1ずつの負担割合は守らないといけない」と強調する。

経済界は企業からの寄付で建設費を賄っており、今回の増額により追加の寄付が発生する可能性がある。だが建設費とは別に、在阪企業には万博の前売り入場券の購入も求められており、ある経済界関係者は「これ以上の負担につい

ていけない」とこぼす。

関西の経済界では、1970年大阪万博の収益金を基につくられた基金の一部を取り崩し、増額分に充てる案も浮上しているが、内部に反対論もあり実現するかは見通せない。

大阪・関西万博を巡っては、海外パビリオンの建設遅れも課題となっている。自前で施設を用意する「タイプＡ」から万博協会が用意する建物に複数の国が入る「タイプＣ」に移行する出展国が計２カ国となったことも判明した。これまで欧州のスロベニアが移行することが明らかになっていた。

協会はタイプＡの出展国に対し、日本側がゼネコンとの交渉や発注を担う「タイプＸ」を提案し、９カ国が関心を寄せているという。海外パビリオンは「万博の華」ともいわれ、協会は引き続き参加国に準備の加速を求める。

（2023年10月7日　日本経済新聞）

建設業の賃金、低すぎなら行政指導　24年問題で国交省

国土交通省は建設業の賃金のもとになる労務費の目安を設ける。とび職や鉄筋工などを念頭に職種ごとに標準的な水準を示す。ゼネコンなどが下請け企業に著しく低い単価を設定している場合に国が勧告など行政指導する仕組みも検討する。建設業の賃上げを促し、人手不足の解消につなげる。建設業界では時間外労働に上限規制を適用する「2024年問題」への対応も課題となっている。

今秋にも国交省の中央建設業審議会で対策の方向性をまとめる。24年の通常国会での建設業法の改正をめざす。審議会のもとに作業部会を立ち上げ、基準の詳細をつめる。

建築現場で働く技能者の業務の種類ごとに「標準労務費」を提示する。現在、国や地方自治体が発注する公共工事は労働市場の実勢価格などを反映した労務単価を職種別、都道府県別に公表している。毎年実施する全国調査に基づいて水準を決める。

こうした仕組みを念頭に、工事の受注業者と下請け業者間など民間の受発注の基準についても定める方向だ。

基準を著しく下回る労務費の設定は禁じる。違反した場合は違反勧告の対象とする。建設業者が極端に短い工期とすることを防ぐための方策も盛り込む見通しだ。

デベロッパーといった建設の発注元となる企業は専門性の高い現場業務を工事会社などに発注することが多い。業務を請け負う技能者は日雇いが中心で、賃金水

準が低いといった課題が指摘される。

国が職種ごとに労務費の相場観を示すことで、建設業者側が技能者の労務費を削って赤字でも受注するような事態を回避する狙いもある。

建設業界では人手不足や高齢化が深刻となっている。22年時点の建設業の就業者数は479万人で、ピーク時の1997年から30％減った。時間外労働の規制を強化する「2024年問題」が人手不足に追い打ちをかける恐れもある。適正な水準に賃金を底上げし、人材を確保しやすいようにする。

（2023年8月20日　日本経済新聞）

ゼネコン8割でベア、人材確保急ぐ　残業規制が背中押す

労働力不足が慢性化している建設業界で、約8割のゼネコンが毎月の基本給を一律に引き上げるベースアップ（ベア）を2023年春の労使交渉で決めたことがわかった。大手5社も6年ぶりにベア実施で足並みをそろえた。24年から建設業界で時間外労働の上限規制が適用されることから、各社は待遇改善による人材確保を急いでいる。国が政府入札での賃上げ実施企業を22年から優遇していることも背景にある。

ゼネコン35社の労働組合が加盟する日本建設産業職員労働組合協議会（日建協）がまとめた23年春季労使交渉の中間報告で明らかになった。回答した31社のうち83％の26社がベアを決めた。

ベアの加重平均は6843円（1.58％）と前年度の3923円から大幅に引き上げた。日建協非加盟の大手4社（鹿島、大林組、大成建設、竹中工務店）でもベアを実施した。清水建設を加えた大手5社が一斉にベアを実施したのは6年ぶりだった。

31社中、26社が定期昇給とベア、4社が定昇のみ、1社が回答が未集計という。30社の引き上げ額は加重平均で2万371円（4.8％）と、前年度の1万3842円から7000円近く引き上げた。

建設業では鉄骨などの主要建材の価格が21年から22年にかけて高騰しており、ゼネコン各社の利益を圧迫する。上場する大手・準大手13社の23年3月期の連結売上高の合計は前の期比で11％増だった一方で、純利益では微減だった。手持ち工事の採算も悪化しており、赤字が見込まれる工事で計上する工事損失引当金は、13社の23年3月末時点の残高合計は22年3月比で43％増の2511億円と10年で最大だった。

業績が不透明感を増しているにもかかわらず、各社が大幅な賃上げに踏み切ったのには理由がある。ひとつは現場労働力の確保だ。24年度から働き方改革関連法に基づく時間外労働の上限規制の適用猶予が撤廃される。現在の労働力だけでは工期の遅れを招きかねない。新たな人材の確保が急がれる。

加えて建設業の構造的な人材不足もある。国土交通省によると22年度の建設業従事者（平均）は479万人と、1997年度の685万人から3割以上落ち込んだ。

一方で建設需要は旺盛だ。半導体などの設備投資や都心再開発、国土強靱（きょうじん）化に伴う大型土木工事などの施工量は潤沢だ。日本建設業連合会（東京・中央）によると、22年度の国内建設受注額は21年度比8.4％増の16兆2609億円と、過去20年で最高となった。現場の繁忙度合いが高まるなか、人材確保やつなぎ留めに向けた待遇改善は不可欠だ。

もうひとつの要因が国の賃上げ実施企業への公共工事における優遇策だ。22年4月から、公共工事に適用される総合評価入札で大企業で3％以上、中小企業で1.5％以上の賃上げを表明した業者を5〜10％程度加点する措置が敷かれている。土木が中心となる公共工事の受注に大きな影響があることから、23年度も各社で引き続き3％以上の賃上げ水準を維持している。

22年度は日建協に労組が加盟するゼネコン33社のほか、鹿島など日建協非加盟の大手ゼネコン4社でも3％以上の賃上げを実施している。

初任給についても、日建協調査では71％の22社で引き上げられ、このうち19社では会社提示によるものだった。日建協は標準ラインとして24万円台を提示するが、23年度は25万円台が最も多く14社に上ったほか、26万円台も3社あった。日建協非加盟の大手4社でも初任給を引き上げており、日建協は「各社の人材獲得の動きが如実に表れた」と分析する。またピーエス三菱は4月に、正規従業員や契約社員1219人に月給の1カ月半相当となるインフレ特別支援金を支給している。

日建協は「昨年度に引き続き、企業業績よりも政策や社会情勢によって賃上げの大きな流れが作られた」とみる。24年の春季労使交渉に向けては、日建協で策定している個別賃金を改定し、物価上昇などを反映するという。

（2023年8月2日　日本経済新聞）

日建連、原則週休2日で工期見積もり　24年問題対応で

日本建設業連合会（日建連、東京・中央）は21日、加盟するゼネコンが民間建築工事の発注者に見積もりを提出する際に、現場を週2日閉じる「4週8閉所」を原則にするよう求めた。2024年4月から時間外労働の上限規制が適用される「2024年問題」に備える。建設業界で人手不足が深刻化する中、工期がこれまでより延びる可能性もある。

発注者に最初に提出する見積もりの段階で、4週8閉所と週40時間稼働を前提とした工期設定を原則とする。発注者から完成時期を指定されて対応が難しい場合は、作業員の増員などが必要になるとして価格引き上げへの理解を求める。

公正取引委員会から独占禁止法に抵触する恐れがない旨を確認して、21日開催された理事会で決議された。同日以降の受注で会員企業の対応を求める。

働き方改革関連法に基づき、建設業の時間外労働は24年4月から原則で年360時間、労使合意があっても720時間の上限が課され、違反企業には罰則も科される。21日に日建連が発表した調査では、回答があった会員81社の非管理職のうち、時間外労働が360時間を超えた者が22年度は約6割にのぼった。

日建連は労働時間削減に向け、4週8閉所を24年度までに全現場で達成する目標を掲げる。ただ、同日発表した調査では、回答があった会員企業99社での実施率は22年度通期で42.1％どまりだった。

蓮輪賢治副会長（大林組社長）は「特に民間建築で4週8閉所が定着しておらず、人材確保の観点として危機感を抱いた」として、業界で足並みをそろえる考えを示した。日建連は鹿島や清水建設など大手から中堅までゼネコン141社が加盟する。

（2023年7月21日　日本経済新聞）

不動産ID、年内にデータベース　住宅取引や物流で活用

政府は土地や建物など不動産ごとに識別番号を割り振る「不動産ID」のデータベースを年内に整備する。まず440市区町村で運用を始める。官民が収集した物件情報や災害リスクを一元的に把握できるようにし、まちづくりや不動産

取引、物流などを効率化する。

不動産IDは2022年に導入した。17ケタの番号によって戸建てやマンション、商業ビルを部屋単位で識別できる。物件ごとに原則1つのIDを配分する。

国土交通省は登記情報を持つ法務省やデジタル庁と連携して「不動産ID確認システム（仮称）」を整え、夏ごろに運用を始める。

23年度中に任意で選んだ全国440市区町村をシステムに接続。各地方自治体が開発規制やハザードマップといった公的データをひもづけできる仕組みを検討する。

利用者はシステムに住所や地番を入力して不動産IDを取得する。このIDを使って各自治体が関連づけたデータを使う。

不動産業者が物件を査定する際、現状は建物の建築規制や電気・ガスの設備状況などを複数の窓口で確認する必要がある。これらデータを一度に入手できれば、業務の効率化や中古物件の取引などが迅速になる。

物流サービスへの活用も期待される。ドローンで大量の荷物を複数地点に配送する場合、IDをもとにした地図情報で効率が良いルートを選べるようになる。自動運転車での配送にも生かせる見通しだ。

自治体の住宅政策でも利用できる。世帯ごとの水道利用の有無などを把握し、空き家かどうかを素早く判断できる。放置空き家の管理を強化し、民間事業者の中古取引を仲介することが可能になる。

千代田区や港区といった東京都の17区のほか、札幌市、さいたま市、京都市、高松市などが当初に入る見込み。早期に1700ほどの全市区町村に広げる。

国交省は30日に業界横断の官民協議会を設置する。不動産や物流、損害保険業界などが参加する見通し。

政府は23年夏にも公的機関による社会の基本データ「ベース・レジストリ」にIDを指定する方針だ。不動産分野でマイナンバー並みの位置づけになる。

不動産IDの普及のカギを握るのが民間事業者が持つデータとの連携だ。不動産業界にはすでに物件情報を集めた「レインズ」と呼ぶシステムがある。政府は24年1月から任意でレインズにID情報を接続できるようにする。

（2023年5月30日　日本経済新聞）

ハウスコム、潜在ニーズ分析し理想物件を提案

不動産賃貸仲介のハウスコムは人工知能（AI）を活用した新たな部屋探しの提

案サービスを始めた。複数の質問の回答から顧客の嗜好を分析し、潜在的なニーズも推測した上で好みに合致しそうな候補物件を提案する。新型コロナウイルスの発生後、若い世代を中心にネットを使った検索が一段と増えており、部屋探しで新しい体験価値を提供して店舗を訪れるきっかけにもする。

サービス名は「Serendipity Living Search」。ハウスコムが蓄積した顧客情報や購買データを生かし、不動産の売買価格をAIで素早く査定するシステムを手掛けるSREホールディングスの技術と組み合わせた。ハウスコムによると、こうしたサービスは不動産業界で初めてという。

特徴はサービスの利用者と属性の近い集団の嗜好パターンをAIが分析し、様々な物件の中から好みとされる候補を提案する点だ。

利用者は専用サイトで年齢や年収のほか、自宅や勤務先の最寄り駅などの質問に回答する。AIが回答に基づき、特徴の異なる物件を10件ほど表示する。最初に表示された物件の中から自分の好みに合う物件を1つ以上選んでお気に入りに登録すると、AIが利用者の好みにより近いと思われる物件を探し、再び一覧で表示する。

従来は入居検討者が希望する条件や要望を指定し、条件を基に候補を検索することが多かった。好みの物件に出合うことがある半面、検討者によっては理想の物件を見つけるまでに条件の細かな変更を余儀なくされる。新サービスは利用者の潜在的なニーズに合致する可能性のある候補まで幅広く提案し、「予想外の発見」を提供していく。

新サービスの利用料は無料。当初は東京を中心とした首都圏を対象に対応し、主に1980〜90年代生まれのミレニアル世代の利用を見込む。サービス・イノベーション室の西山玲児係長は「デジタルトランスフォーメーション（DX）により部屋探しの方法が変化するなか、新サービスは顧客との接点になる」と説明する。

ハウスコムは部屋探しにおける新たな体験を提供することで自社の認知度を高め、ファンを増やす狙いだ。新サービスの利用を通じ、現在全国で約200ある店舗に足を運ぶきっかけ作りと期待する。サービスの精度を向上しつつ、実施するエリアの拡大を検討していくという。

不動産業界はDX化が金融業などと比べ遅れていたが、新型コロナの影響で変わり始めた。分譲マンション販売ではモデルルームに出向くことなくオンラインで内見でき、契約業務や書類の電子化が進む。野村不動産は2022年秋、メタバース（仮想空間）で住宅購入の相談ができるサービスを始めた。顧客の利便性を高めて体験価値を提供する知恵比べが強まっていきそうだ。

公共工事の労務単価5.2%引き上げ　11年連続で最高

国土交通省は14日、国や地方自治体が公共工事費の見積もりに使う労務単価を3月から全国全職種平均で前年3月比で5.2%引き上げると発表した。現行の算定方式による引き上げは11年連続で過去最高を更新した。建設・土木業界での人手不足が続いていることを受け、賃上げの動きが広がっていることを反映した。

労務単価は毎年、土木や建設などの51職種の賃金を調べて改定している。全国全職種平均の上昇幅が5%を超えたのは14年（7.1%）以来9年ぶり。労働者が受け取るべき賃金をもとに1日あたり8時間労働で換算した場合、3月からの新たな単価は2万2227円となる。

とび工や鉄筋工など主要12職種では平均で5%の引き上げとなる。斉藤鉄夫国交相は14日の閣議後の記者会見で、「技能労働者の賃金水準の上昇につながる好循環が持続できるよう、官民一体となった取り組みの一層の推進に努める」と述べた。

（2023年2月14日　日本経済新聞）

▶労働環境

職種：営業　　年齢・性別：20代後半・男性

・21時にパソコンが強制終了するので，その後は帰りやすいです。
・ダラダラやる人はパソコンが切れた後も何かしら雑務をしています。
・アポイントがあれば休日出勤もありますが，あまりありません。
・上司によっては休日に働くことが美学の人もいて部下が困ることも。

職種：機械関連職　　年齢・性別：30代後半・男性

・OJT研修の期間も長く，社員育成に十分力を入れていると思います。
・上司との面談も多く，失敗しても次頑張ろう，という雰囲気です。
　社員のモチベーションアップが会社のテーマとなっています。
・個人個人の意欲を高めるためにチーム編成で課題に取り組むことも。

職種：個人営業　　年齢・性別：20代後半・男性

・研修制度が整っていて，新入社員研修もしっかりとしています。
・スキルアップのために定期的にセミナーや勉強会にも参加できます。
・無料で宅建の講座を受けることができます。
・キャリア面談が定期的にあり，自分の考えを上司に伝えやすいです。

職種：個人営業　　年齢・性別：20代後半・男性

・結果を残せばそれに見合った報酬を受け取ることができます。
・昇進・昇給は主には成果と勤務年数に応じてされているようです。
・現場でのコミュニケーションはとても大事だと思います。
・人間関係を丁寧に業務に取り組めば，正当に評価されると思います。

▶ 福利厚生

職種：電気／電子関連職　　年齢・性別：20代後半・男性

- 大手ビル管理会社の中でも福利厚生はかなり良いと感じます。
- 宿泊施設が安く利用できたり，系列施設の利用特典もあります。
- 部活動なんかもありますが，部署によって環境は変わるようです。研修もしっかりしていて，電気資格やビル管の講習などもあります。

職種：個人営業　　年齢・性別：20代後半・男性

- 大手なだけあって福利厚生はしっかりしています。
- キャリアアップ，資格取得に対してのバックアップも抜群です。
- グループのホテルやジム等を安く使えるので，とても便利です。
- 住宅購入の際は，多少割引きがあります。

職種：法人営業　　年齢・性別：20代後半・男性

- 福利厚生に関してはとても恵まれていると感じました。
- 家賃補助は特に手厚く，新卒で東京に赴任した時は助かりました。
- 有給も比較的取りやすく感じましたが，上司や部署によるようです。
- 有給の取得基準がバラバラなので統一すればいいのにと思います。

職種：不動産管理・プロパティマネジャー　　年齢・性別：20代後半・男性

- 福利厚生の中でも特に住宅補助は充実していると思います。
- 35歳までは賃貸だと独身で3万円，既婚で6万円の住宅補助が出ます。
- 持ち家であれば年齢制限はなく3万円が一律で支給されます。
- 電車通勤出来る場所に実家があっても，住宅補助は出ます。

▶仕事のやりがい

職種：法人営業　　年齢・性別：20代後半・男性

・地権者交渉はとてもやりがいを感じます。
・複数の地権者を集めて大きな用地とする交渉はとても面白いです。
・地権者一人一人の背景から，今後期待される事を読み取ります。
・地権者側の希望とこちらの希望がマッチした時は達成感があります。

職種：個人営業　　年齢・性別：20代後半・男性

・給料や福利厚生も申し分なく，働く環境は整っています。
・百億単位の仕事を手がけられるので，やりがいは十分だと思います。
・社員の意識も高いので切磋琢磨し自己の能力を向上していけます。
・内需型から，今後は海外へシフトできるかが課題だと思います。

職種：個人営業　　年齢・性別：30代後半・男性

・お客様から契約が取れた時に，やりがいを感じます。
・営業活動のやり方は自分次第なので，いろいろ方法を考えます。
・自分なりのアプローチの仕方で契約を取れた時は本当に面白いです。
・ノルマもあるので大変ではありますが，その分達成感も大きいです。

職種：個人営業　　年齢・性別：20代後半・男性

・営業で結果を出せば多くの手当がもらえるのでやりがいがあります。
・契約が増えていくと，オーナー様からの紹介も増えてきます。
・経験が増えるほど確実に仕事がしやすくなっていきます。
・何よりお客様が満足し，感謝されることに大きな喜びを感じます。

▶ブラック？ホワイト？

職種：代理店営業　　年齢・性別：20代後半・男性

・以前は残業はみなしでしたが，現在では残業代が支給されます。
・残業の申請には周りの空気を読む必要があります。
・残業代が出ている今の方が以前よりも手取りベースでは減額です。
・お客様都合のため，休日出勤もアポイントがあれば出社となります。

職種：個人営業　　年齢・性別：30代後半・男性

・とにかく数字が人格，数字さえあれば何をしても許される社風です。
・早く帰れていいのですが，最近は21時で強制的に電気が消えます。
・数字がないと会社に居づらい感じになり，辞める人は多いです。
・残っている人は家庭を顧みず働くので，離婚率も高いような気が。

職種：建設設計　　年齢・性別：20代後半・男性

・みなし残業がつきますが，実際はその3倍以上は残業をしています。
　私の在籍している支店では21時半前に帰る人はほとんどいません。
・優秀と言われる人は，休日もプランなどを練っている人が多いです。
　ほとんどプライベートは無いと思った方が無難かと。

職種：個人営業　　年齢・性別：20代後半・男性

・営業担当の苦労を理解できていない部署，担当者が多くて辛いです。
・会社の看板があるから営業は楽なはずと本気で思っている節が。
・ものづくりの会社だから技術者が大切なのは理解できますが，間接
　部門の年収より，営業部門の年収が低いのはやりきれません。

▶女性の働きやすさ

職種：電気/電子関連職　　年齢・性別：20代後半・男性

- 女性の数はまだまだ少数であるため働きやすいとは言い難いです。
- 男性主体の会社ですが，女性の活躍の場も年々増えてきてはいます。
- 会社の決まりでセクハラ等にはかなり敏感になっています。
- 管理職志望の女性は，この会社はあまり向いていないと思います。

職種：施工管理　　年齢・性別：20代前半・女性

- 産休育休は上司の理解がないと厳しいですが，制度はあります。
- 建設業界全体の状況としてあまり受け入れられない印象があります。
- 住宅業界は男性のみならず，女性の視点も重要なのですが。
- 今後はもっと上辺だけではない制度の改善が必要となるでしょう。

職種：コンサルティング営業　　年齢・性別：30代前半・男性

- 現在，管理職に就いている女性の数は僅かです。
- 最近は会社として積極的に女性の登用に力を入れています。
- 男性が多い職場なので実績が残せれば，昇進しやすい環境かも。
- 男社会なので細やかな指導を求めるのは難しいかもしれませんが。

職種：個人営業　　年齢・性別：30代後半・女性

- 育児休暇制度もあり，出産後も3年間は時間短縮が適用されます。
- 労働環境を向上させるため，男女同じように仕事を任されます。
- 女性も営業成績によって，男性と同様のポジションが与えられます。
- 女性の支店長も在籍しており，女性が差別されることはありません。

▶今後の展望

職種：個人営業　　年齢・性別：20代後半・男性

・東日本大震災以降は休みがあまり取れず毎日忙しい状況です。
・多くの人に信頼されているからこその仕事量だと思っています。
・将来に関してはまだまだ生き残れる業界だと言えるでしょう。
・他社よりも特化したものを提供できれば成長可能な会社です。

職種：販促企画・営業企画　　年齢・性別：20代後半・男性

・今後は介護分野，太陽光発電，海外展開が加速すると思います。
・条件の良い立地，土地オーナーとのめぐり合せが今後のカギに。
・ライバルの某社とは，少し毛色が違うため棲み分けは可能かと。
・既存事業も，まだまだ開拓の余地はあるかと。

職種：個人営業　　年齢・性別：30代後半・男性

・リフォームについていえば，まだ相場より高めでも受注は可能です。
・ただ，大手以外のリフォーム会社との競合も増えてきています。
・大型物件についても，中小企業が実力をつけてきているのも事実。
・今後戸建て住宅レベルでは，顧客の取り込みが難しくなるかと。

職種：個人営業　　年齢・性別：20代後半・男性

・戸建ての長寿命化で，建て替えのサイクルは確実に長くなります。
・建て替えからリフォーム需要の取り込みへシフトしています。
・他社より一歩出遅れてしまうスピード感のなさの改善が急務です。
・今後ニーズが多様化していく中どう対応していけるかだと思います。

●建設業界

会社名	本社住所
ショーボンドホールディングス	東京都中央区日本橋箱崎町 7 番 8 号
ミライト・ホールディングス	東京都江東区豊洲 5-6-36
タマホーム	東京都港区高輪 3 丁目 22 番 9 号 タマホーム本社ビル
ダイセキ環境ソリューション	愛知県名古屋市港区船見町 1 番地 86
安藤・間	東京都港区赤坂六丁目 1 番 20 号
東急建設	東京都渋谷区渋谷 1-16-14　渋谷地下鉄ビル
コムシスホールディングス	東京都品川区東五反田 2-17-1
ミサワホーム	東京都新宿区西新宿二丁目 4 番 1 号　新宿 NS ビル
高松コンストラクショングループ	大阪市淀川区新北野 1-2-3
東建コーポレーション	名古屋市中区丸の内 2 丁目 1 番 33 号　東建本社丸の内ビル
ヤマウラ	長野県駒ヶ根市北町 22 番 1 号
大成建設	東京都新宿区西新宿一丁目 25 番 1 号　新宿センタービル
大林組	東京都港区港南 2 丁目 15 番 2 号
清水建設	東京都中央区京橋二丁目 16 番 1 号
飛島建設	神奈川県川崎市高津区坂戸 3－2－1 かながわサイエンスパーク (KSP)
長谷工コーポレーション	東京都港区芝二丁目 32 番 1 号
松井建設	東京都中央区新川 1-17-22
銭高組	大阪市西区西本町 2 丁目 2 番 11 号 なにわ筋ツインズウエスト
鹿島建設	東京都港区元赤坂 1-3-1
不動テトラ	東京都中央区日本橋小網町 7 番 2 号（ぺんてるビル）

会社名	本社住所
大末建設	大阪市中央区久太郎町二丁目 5 番 28 号
鉄建建設	東京都千代田区三崎町 2 丁目 5 番 3 号
日鉄住金テックスエンジ	東京都千代田区丸の内二丁目 5 番 2 号　三菱ビル
西松建設	東京都港区虎ノ門一丁目 20 番 10 号
三井住友建設	東京都中央区佃二丁目 1 番 6 号
大豊建設	東京都中央区新川一丁目 24 番 4 号
前田建設工業	東京都千代田区猿楽町二丁目 8 番 8 号 猿楽町ビル
佐田建設	群馬県前橋市元総社町 1-1-7
ナカノフドー建設	東京都千代田区九段北四丁目 2 番 28 号
奥村組	大阪市阿倍野区松崎町二丁目 2 番 2 号
大和小田急建設	東京都新宿区西新宿 4-32-22
東鉄工業	東京都新宿区信濃町 34 JR 信濃町ビル 4 階
イチケン	東京都台東区北上野 2 丁目 23 番 5 号（住友不動産上野ビル 2 号館）
淺沼組	大阪市天王寺区東高津町 12 番 6 号
戸田建設	東京都中央区京橋一丁目 7 番 1 号
熊谷組	東京都新宿区津久戸町 2 番 1 号
青木あすなろ建設	東京都港区芝 4 丁目 8 番 2 号
北野建設	長野県長野市県町 524
植木組	新潟県柏崎市新橋 2-8
三井ホーム	東京都新宿区西新宿二丁目 1 番 1 号　新宿三井ビル 53 階
矢作建設工業	名古屋市東区葵三丁目 19 番 7 号
ピーエス三菱	東京都中央区晴海二丁目 5 番 24 号　晴海センタービル 3 階

会社名	本社住所
大東建託	東京都港区港南二丁目 16 番 1 号　品川イーストワンタワー 21 ～ 24 階・(総合受付 24 階)
新日本建設	千葉県千葉市美浜区ひび野一丁目 4 番 3 新日本ビル
NIPPO	東京都中央区京橋 1 － 19 － 11
東亜道路工業	東京都港区六本木七丁目 3 番 7 号
前田道路	東京都品川区大崎 1 丁目 11 番 3 号
日本道路	東京都港区新橋 1-6-5
東亜建設工業	東京都新宿区西新宿 3-7-1　新宿パークタワー 31 階
若築建設	東京都目黒区下目黒二丁目 23 番 18 号
東洋建設	東京都江東区青海二丁目 4 番 24 号　青海フロンティアビル 12，13 階
五洋建設	東京都文京区後楽 2-2-8
大林道路	東京都墨田区堤通 1-19-9 リバーサイド隅田セントラルタワー 5F
世紀東急工業	東京都港区芝公園 2 丁目 9 番 3 号
福田組	新潟県新潟市中央区一番堀通町 3-10
住友林業	東京都千代田区大手町一丁目 3 番 2 号(経団連会館)
日本基礎技術	大阪市北区松ヶ枝町 6 番 22 号
日成ビルド工業	石川県金沢市金石北 3-16-10
ヤマダ・エスバイエルホーム	大阪市北区天満橋一丁目 8 番 30 号　OAP タワー 5 階
巴コーポレーション	東京都中央区勝どき 4-5-17 かちどき泉ビル
パナホーム	大阪府豊中市新千里西町 1 丁目 1 番 4 号
大和ハウス工業	大阪市北区梅田 3 丁目 3 番 5 号
ライト工業	東京都千代田区五番町 6 番地 2
積水ハウス	大阪市北区大淀中一丁目 1 番 88 号 梅田スカイビルタワーイースト

会社名	本社住所
日特建設	東京都中央区銀座 8 丁目 14 番 14 号
北陸電気工事	富山県富山市小中 269 番
ユアテック	仙台市宮城野区榴岡 4 丁目 1 番 1 号
西部電気工業	福岡市博多区博多駅東 3 丁目 7 番 1 号
四電工	高松市松島町 1 丁目 11 番 22 号
中電工	広島市中区小網町 6 番 12 号
関電工	東京都港区芝浦 4-8-33
きんでん	大阪市北区本庄東 2 丁目 3 番 41 号
東京エネシス	東京都中央区日本橋茅場町一丁目 3 番 1 号
トーエネック	愛知県名古屋市中区栄一丁目 20 番 31 号
住友電設	大阪市西区阿波座 2-1-4
日本電設工業	東京都台東区池之端一丁目 2 番 23 号 NDK 第二池之端ビル
協和エクシオ	東京都渋谷区渋谷 3 丁目 29 番 20 号
新日本空調	東京都中央区日本橋浜町 2-31-1　浜町センタービル
NDS	愛知県名古屋市中区千代田 2-15-18
九電工	福岡市南区那の川一丁目 23 番 35 号
三機工業	東京都中央区明石町 8 番 1 号
日揮	横浜市西区みなとみらい 2-3-1
中外炉工業	大阪市中央区平野町 3 丁目 6 番 1 号
ヤマト	東京都中央区銀座 2-16-10
太平電業	東京都千代田区神田神保町 2-4
高砂熱学工業	東京都千代田区神田駿河台 4 丁目 2 番地 5

会社名	本社住所
三晃金属工業	東京都港区芝浦四丁目 13 番 23 号
朝日工業社	東京都港区浜松町一丁目 25 番 7 号
明星工業	大阪市西区京町堀 1 丁目 8 番 5 号（明星ビル）
大氣社	東京都新宿区西新宿 8-17-1　住友不動産新宿グランドタワー
ダイダン	大阪市西区江戸堀 1 丁目 9 番 25 号
日比谷総合設備	東京都港区芝浦 4-2-8　住友不動産三田ツインビル東館
東芝プラントシステム	神奈川県横浜市鶴見区鶴見中央 4-36-5　鶴見東芝ビル
東洋エンジニアリング	東京都千代田区丸の内 1 丁目 5 番 1 号
千代田化工建設	神奈川県横浜市西区みなとみらい四丁目 6 番 2 号みなとみらいグランドセントラルタワー
新興プランテック	横浜市磯子区新磯子町 27-5

●不動産業界

会社名	本社住所
日本駐車場開発	大阪府大阪市北区小松原町 2 番 4 号 大阪富国生命ビル
ヒューリック	東京都中央区日本橋大伝馬町 7 番 3 号
東京建物不動産販売	東京都新宿区西新宿 1 丁目 25 番 1 号（新宿センタービル）
三栄建築設計	東京都杉並区西荻北 2-1-11 三栄本社ビル
野村不動産ホールディングス	東京都新宿区西新宿 1 丁目 26 番 2 号
プレサンスコーポレーション	大阪市中央区城見 1 丁目 2 番 27 号 クリスタルタワー 27 階
常和ホールディングス	東京都中央区日本橋本町一丁目 7 番 2 号　常和江戸橋ビル 5 階
フージャースホールディングス	東京都千代田区神田美土代町 9-1 MD 神田ビル
オープンハウス	千代田区丸の内 2-4-1　丸の内ビルディング 12F
東急不動産ホールディングス	東京都渋谷区道玄坂 1-21-2　新南平台東急ビル
エコナックホールディングス	東京都港区南青山 7-8-4　高樹ハイツ
パーク 24	東京都千代田区有楽町 2-7-1
パラカ	東京都港区麻布台 1-11-9　CR 神谷町ビル 9F
三井不動産	東京都中央区日本橋室町 2 丁目 1 番 1 号
三菱地所	東京都港区赤坂 2-14-27 国際新赤坂ビル東館
平和不動産	東京都中央区日本橋兜町 1 番 10 号
東京建物	東京都中央区八重洲一丁目 9 番 9 号 東京建物本社ビル
ダイビル	大阪市北区中之島 3-6-32　ダイビル本館
京阪神ビルディング	大阪市中央区瓦町四丁目 2 番 14 号
住友不動産	東京都新宿区西新宿二丁目 4 番 1 号　新宿 NS ビル
大京	東京都渋谷区千駄ヶ谷 4-24-13　千駄ヶ谷第 21 大京ビル
テーオーシー	東京都品川区西五反田 7 丁目 22 番 17 号

会社名	本社住所
東京楽天地	東京都墨田区江東橋 4 丁目 27 番 14 号
レオパレス 21	東京都中野区本町 2 丁目 54 番 11 号
フジ住宅	大阪府岸和田市土生町 1 丁目 4 番 23 号
空港施設	東京都大田区羽田空港 1-6-5 第五綜合ビル
明和地所	千葉県浦安市入船 4-1-1　新浦安中央ビル 1F
住友不動産販売	東京都新宿区西新宿二丁目 4 番 1 号
ゴールドクレスト	東京都千代田区大手町 2-1-1
日本エスリード	大阪市福島区福島六丁目 25 番 19 号
日神不動産	東京都新宿区新宿五丁目 8 番 1 号
タカラレーベン	東京都新宿区西新宿 2-6-1 新宿住友ビル 26 階
サンヨーハウジング名古屋	愛知県名古屋市瑞穂区妙音通三丁目 31 番地の 1 サンヨー本社ビル
イオンモール	千葉県千葉市美浜区中瀬一丁目 5 番
ファースト住建	兵庫県尼崎市東難波町 5-6-9
ランド	神奈川県横浜市西区北幸一丁目 11 番 5 号　相鉄 KS ビル 6F
トーセイ	東京都港区虎ノ門四丁目 2 番 3 号
穴吹興産	香川県高松市鍛冶屋町 7-12
エヌ・ティ・ティ都市開発	東京都千代田区外神田 4-14-1 秋葉原 UDX
サンフロンティア不動産	東京都千代田区有楽町一丁目 2 番 2 号
エフ・ジェー・ネクスト	東京都新宿区西新宿 6 丁目 5 番 1 号　新宿アイランドタワー 11F
ランドビジネス	東京都千代田区霞が関三丁目 2 番 5 号霞が関ビルディング
グランディハウス	栃木県宇都宮市大通り 4 丁目 3 番 18 号
日本空港ビルデング	東京都大田区羽田空港 3-3-2　第 1 旅客ターミナルビル

第3章

就職活動のはじめかた

入りたい会社は決まった。しかし「就職活動とはそもそも何をしていいのかわからない」「どんな流れで進むかわからない」という声は意外と多い。ここでは就職活動の一般的な流れや内容，対策について解説していく。

▶就職活動のスケジュール

3月	**4**月	**6**月

就職活動スタート

2025年卒の就活スケジュールは,経団連と政〔府〕を中心に議論され,2024年卒の採用選考ス〔ケ〕ジュールから概ね変更なしとされている。

エントリー受付・提出

企業の説明会には積極的に参加しよ〔う。〕自の企業研究だけでは見えてこなか〔っ〕たな情報を得る機会であるとともに,〔モチ〕ベーションアップにもつながる。また,〔説明〕会に参加した者だけに配布する資料〔も〕ある。

OB・OG訪問

合同企業説明会　　**個別企業説明会**

筆記試験・面接試験等始まる（3月～）

内々定(大手企〔業〕

2月末までにやっておきたいこと

就職活動が本格化する前に，以下のことに取り組んでおこう。
- ◎自己分析　◎インターンシップ　◎筆記試験対策
- ◎業界研究・企業研究　◎学内就職ガイダンス

自分が本当にやりたいことはなにか，自分の能力を最大限に活かせる会社はどこか。自己分析と企業研究を重ね，それを文章などにして明確にしておき，面接時に最大限に活用できるようにしておこう。

8月	**10**月

中 小 企 業 採 用 本 格 化

者の数が採用予定数に満た
企業，1年を通して採用を継
ている企業，夏休み以降に採
動を実施企業（後期採用）は
活動を継続して行っている。
業でも後期採用を行っている
もあるので，企業から内定が
も，納得がいかなければ継続
就職活動を行うこともある。

中小企業の採用が本格化するのは大手
企業より少し遅いこの時期から。HP
などで採用情報をつかむとともに，企
業研究も怠らないようにしよう。

内々定とは10月1日以前に通知（電話等）
されるもの。内定に関しては現在協定があり，
10月1日以降に文書等にて通知される。

内々定（中小企業）

内定式（10月〜）

どんな人物が求められる？

多くの企業は，常識やコミュニケーション能力があり，社会のできごと
に高い関心を持っている人物を求めている。これは「会社の一員とし
て将来の企業発展に寄与してくれるか」という視点に基づく，もっとも
普遍的な選考基準だ。もちろん，「自社の志望を真剣に考えているか」
「自社の製品，サービスにどれだけの関心を向けているか」という熱
意の部分も重要な要素になる。

就活ロールプレイ！

STEP 1　就職活動のスタート

内定までの道のりは，大きく分けると以下のようになる。

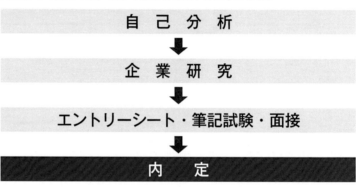

01 まず自己分析からスタート

　就職活動とは，「企業に自分をPRすること」。自分自身の興味，価値観に加えて，強み・能力という要素が加わって，初めて企業側に「自分が働いたら，こういうポイントで貢献できる」と自分自身を売り込むことができるようになる。

■自分の来た道を振り返る

　自己分析をするための第一歩は，「振り返ってみる」こと。

　小学校，中学校など自分のいた"場"ごとに何をしたか（部活動など），何を学んだか，交友関係はどうだったか，興味のあったこと，覚えている印象的なことを書き出してみよう。

■テストを受けてみる

　"自分では気がついていない能力"を客観的に検査してもらうことで，自分に向いている職種が見えてくる。下記の5種類が代表的なものだ。

①職業適性検査　　②知能検査　　③性格検査

④職業興味検査　　⑤創造性検査

■先輩や専門家に相談してみる

　就職活動をするうえでは，"いかに他人に自分のことをわかってもらうか"が重要なポイント。他者の視点で自分を分析してもらうことで，より客観的な視点で自己PRができるようになる。

自己分析の流れ

❏過去の経験を書いてみる

❏現在の自己イメージを明確にする…行動，考え方，好きなものなど。

❏他人から見た自分を明確にする

❏将来の自分を明確にしてみる…どのような生活をおくっていたいか。期待，夢，願望。なりたい自分はどういうものか，掘り下げて考える。→ 自己分析結果を，志望動機につなげていく。

01　企業の絞り込み

　志望企業の絞り込みについての考え方は大きく分けて2つある。

　第1は，同一業種の中で1次候補，2次候補……と絞り込んでいく方法。

　第2は，業種を1次，2次，3次候補と変えながら，それぞれに2社程度ずつ絞り込んでいく方法。

　第1の方法では，志望する同一業種の中で，一流企業，中堅企業，中小企業，縁故などがある歯止めの会社……というふうに絞り込んでいく。

　第2の方法では，自分が最も望んでいる業種，将来好きになれそうな業種，発展性のある業種，安定性のある業種，現在好況な業種……というふうに区別して，それぞれに適当な会社を絞り込んでいく。

02　情報の収集場所

・キャリアセンター

・新聞

・インターネット

・企業情報

『就職四季報』（東洋経済新報社刊），『日経会社情報』（日本経済新聞社刊）などの企業情報。この種の資料は本来“株式市場”についての資料だが，その時期の景気動向を含めた情報を仕入れることができる。

・経済雑誌

『ダイヤモンド』（ダイヤモンド社刊）や『東洋経済』（東洋経済新報社刊），『エコノミスト』（毎日新聞出版刊）など。

・OB・OG／社会人

①成長力

　まず"売上高"。次に資本力の問題や利益率などの比率。いくら資本金があっても，それを上回る膨大な借金を抱えていて，いくら稼いでも利払いに追われまくるようでは，成長できないし，安定できない。

　成長力を見るには自己資本率を割り出してみる。自己資本を総資本で割って100を掛けると自己資本率がパーセントで出てくる。自己資本の比率が高いほうが成長力もあり安定度も高い。

　利益率は純利益を売上高で割って100を掛ける。利益率が高ければ，企業はどんどん成長するし，社員の待遇も上昇する。利益率が低いということは，仕事がどんなに忙しくても利益にはつながらないということになる。

②技術力

　技術力は，短期的な見方と長期的な展望が必要になってくる。研究部門が適切な規模か，大学など企業外の研究部門との連絡があるか，先端技術の分野で開発を続けているかどうかなど。

③経営者と経営形態

　会社が将来，どのような発展をするか，または衰退するかは経営者の経営哲学，経営方針によるところが大きい。社長の経歴を知ることも必要。創始者の息子，孫といった親族が社長をしているのか，サラリーマン社長か，官庁などからの天下りかということも大切なチェックポイント。

④社風

　社風というのは先輩社員から後輩社員に伝えられ，教えられるもの。社風もいろいろな面から必ずチェックしよう。

⑤安定性

　企業が成長しているか，安定しているかということは車の両輪。どちらか片方の回転が遅くなっても企業はバランスを失う。安定し，しかも成長する。これが企業として最も理想とするところ。

⑥待遇

　初任給だけを考えてみても，それが手取りなのか，基本給なのか。基本給というのはボーナスから退職金，定期昇給の金額にまで響いてくる。また，待遇というのは給与ばかりではなく，福利厚生施設でも大きな差が出てくる。

■そのほかの会社比較の基準

1. ゆとり度

休暇制度は，企業によって独自のものを設定しているところもある。「長期休暇制度」といったものなどの制定状況と，また実際に取得できているかどうかも調べたい。

2. 独身寮や住宅設備

最近では，社宅は廃止し，住宅手当を多く出すという流れもある。寮や社宅についての福利厚生は調べておく。

3. オフィス環境

会社に根づいた慣習や社員に対する考え方が，意外にオフィスの設備やレイアウトに表れている場合がある。

たとえば，個人の専有スペースの広さや区切り方，パソコンなどOA機器の設置状況，上司と部下の机の配置など，会社によってずいぶん違うもの。玄関ロビーや受付の様子を観察するだけでも，会社ごとのカラーや特徴がどこかに見えてくる。

4. 勤務地

転勤はイヤ，どうしても特定の地域で生活していきたい。そんな声に応えて，最近は流通業などを中心に，勤務地限定の雇用制度を取り入れる企業も増えている。

> ### column 初任給では分からない本当の給与
>
> 会社の給与水準には「初任給」「平均給与」「平均ボーナス」「モデル給与」など，判断材料となるいくつかのデータがある。これらのデータからその会社の給料の優劣を判断するのは非常に難しい。
>
> たとえば中小企業の中には，初任給が飛び抜けて高い会社がときどきある。しかしその後の昇給率は大きくないのがほとんど。
>
> 一方，大手企業の初任給は業種間や企業間の差が小さく，ほとんど横並びと言っていい。そこで，「平均給与」や「平均ボーナス」などで将来の予測をするわけだが，これは一応の目安とはなるが，個人差があるので正確とは言えない。

■決定版「就職ノート」はこう作る

　1冊にすべて書き込みたいという人には，ルーズリーフ形式のノートがお勧め。会社研究，スケジュール，時事用語，OB／OG訪問，切り抜きなどの項目を作りインデックスをつける。

　カレンダー，説明会，試験などのスケジュール表を貼り，とくに会社別の説明会，面談，書類提出，試験の日程がひと目で分かる表なども作っておく。そして見開き2ページで1社を載せ，左ページに企業研究，右ページには志望理由，自己PRなどを整理する。

就職ノートの主なチェック項目

❑企業研究…資本金，業務内容，従業員数など基礎的な会社概要から，過去の採用状況，業務報告などのデータ

❑採用試験メモ…日程，条件，提出書類，採用方法，試験の傾向など

❑店舗・営業所見学メモ…流通関係，銀行などの場合は，客として訪問し，商品（値段，使用価値，ユーザーへの配慮），店員（接客態度，商品知識，熱意，親切度），店舗（ショーケース，陳列の工夫，店内の清潔さ）などの面をチェック

❑OB／OG訪問メモ…OB／OGの名前，連絡先，訪問日時，面談場所，質疑応答のポイント，印象など

❑会社訪問メモ…連絡先，人事担当者名，会社までの交通機関，最寄り駅からの地図，訪問のときに得た情報や印象，訪問にいたるまでの経過も記入

05 「OB／OG訪問」

「OB／OG訪問」は，実際は採用予備選考開始。まず，OB／OG訪問を希望したら，大学のキャリアセンター，教授などの紹介で，志望企業に勤める先輩の手がかりをつかむ。もちろん直接電話なり手紙で，自分の意向を会社側に伝えてもいい。自分の在籍大学，学部をはっきり言って，「先輩を紹介していただけないでしょうか」と依頼しよう。

参考 ✏

OB／OG訪問時の質問リスト例

● **採用について**
- ・成績と面接の比重
- ・採用までのプロセス（日程）
- ・面接は何回あるか
- ・面接で質問される事項　etc.

- ・評価のポイント
- ・筆記試験の傾向と対策
- ・コネの効力はどうか

● **仕事について**
- ・内容（入社10年，20年のOB/OG）
- ・希望職種につけるのか
- ・残業，休日出勤，出張など

- ・新入社員の仕事
- ・やりがいはどうか
- ・同業他社と比較してどうか　etc.

● **社風について**
- ・社内のムード
- ・仕事のさせ方　etc.

- ・上司や同僚との関係

● **待遇について**
- ・給与について
- ・昇進のスピード

- ・福利厚生の状態
- ・離職率について　etc.

インターンシップとは，学生向けに企業が用意している「就業体験」プログラム。ここで学生はさまざまな企業の実態をより深く知ることができ，その後の就職活動において自己分析，業界研究，職種選びなどに活かすことができる。また企業側にとっても有能な学生を発掘できるというメリットがあるため，導入する企業は増えている。

インターンシップ参加が採用につながっているケースもあるため，たくさん参加してみよう。

---

column　コネを利用するのも１つの手段？

コネを活用できるのは，以下のような場合である。

・企業と大学に何らかの「連絡」がある場合

企業の新卒採用の場合，特定校・指定校が決められていることもある。企業側が過去の実績などに基づいて決めており，大学の力が大きくものをいう。

とくに理工系では，指導教授や研究室と企業との連絡が密接な場合が多く，教授の推薦が有利であることは言うまでもない。同じ大学出身の先輩とのコネも，この部類に区分できる。

・志望企業と「関係」ある人と関係がある場合

一般的に言えば，志望企業の取り引き先関係からの紹介というのが一番多い。ただし，年間億単位の実績が必要で，しかも部長・役員以上につながっていなければコネがあるとは言えない。

・志望企業と何らかの「親しい関係」がある場合

志望企業に勤務したりアルバイトをしていたことがあるという場合。インターンシップもここに分類される。職場にも馴染みがあり人間関係もできているので，就職に際してきわめて有利。

・志望会社に関係する人と「縁故」がある場合

縁故を「血縁関係」とした場合，日本企業ではこのコネはかなり有効なところもある。ただし，血縁者が同じ会社にいるというのは不都合なことも多いので，どの企業も慎重。

07 会社説明会のチェックポイント

1. 受付の様子

　受付事務がテキパキとしていて，分かりやすいかどうか。社員の態度が親切で誠意が伝わってくるかどうか。

　こういった受付の様子からでも，その会社の社員教育の程度や，新入社員採用に対する熱意とか期待を推し測ることができる。

2. 控え室の様子

　控え室が2カ所以上あって，国立大学と私立大学の訪問者とが，別々に案内されているようなことはないか。また，面談の順番を意図的に変えているようなことはないか。これはよくある例で，すでに大半は内定しているということを意味する場合が多い。

3. 社内の雰囲気

　社員の話し方，その内容を耳にはさむだけでも，社風が伝わってくる。

4. 面談の様子

　何時間も待たせたあげくに，きわめて事務的に，しかも投げやりな質問しかしないような採用担当者である場合，この会社は人事が適正に行われていないということだから，一考したほうがよい。

 説明会での質問項目

・質問内容が抽象的でなく，具体性のあるものかどうか。
・質問内容は，現在の社会・経済・政治などの情況を踏まえた，
　大学生らしい高度で専門性のあるものか。
・質問をするのはいいが，「それでは，あなたの意見はどうか」と
　逆に聞かれたとき，自分なりの見解が述べられるものであるか。

提出する書類は6種類。①～③が大学に申請する書類，④～⑥が自分で書く書類だ。大学に申請する書類は一度に何枚も入手しておこう。

①「卒業見込証明書」

②「成績証明書」

③「健康診断書」

④「履歴書」

⑤「エントリーシート」

⑥「会社説明会アンケート」

■自分で書く書類は「自己PR」

第1次面接に進めるか否かは「自分で書く書類」の出来にかかっている。「履歴書」と「エントリーシート」は会社説明会に行く前に準備しておくもの。「会社説明会アンケート」は説明会の際に書き，その場で提出する書類だ。

01 履歴書とエントリーシートの違い

Webエントリーを受け付けている企業に資料請求をすると，資料と一緒に「エントリーシート」が送られてくるので，応募サイトのフォームやメールでエントリーシートを送付する。Webエントリーを行っていない企業には，ハガキやメールで資料請求をする必要があるが，「エントリーシート」は履歴書とは異なり，企業が設定した設問に対して回答するもの。すなわちこれが「1次試験」であり，これにパスをした人だけが会社説明会に呼ばれる。

■字はていねいに

字を書くところから，その企業に対する"本気度"は測られている。

■誤字，脱字は厳禁

使用するのは，黒のインク。

■修正液使用は不可

■数字は算用数字

■自分の広告を作るつもりで書く

自分はこういう人間であり，何がしたいかということを簡潔に書く。メリットになることだけで良い。自分に損になるようなことを書く必要はない。

■「やる気」を示す具体的なエピソードを

「私はやる気があります」「私は根気があります」という抽象的な表現だけではNG。それを示すエピソードのようなものを書かなくては意味がない。

Point

> 自己紹介欄の項目はすべて「自己PR」。自分はこういう人間であることを印象づけ，それがさらに企業への「志望動機」につながっていくような書き方をする。

---

column　履歴書やエントリーシートは，共通でもいい？

「履歴書」や「エントリーシート」は企業によって書き分ける。業種はもちろん，同じ業界の企業であっても求めている人材が違うからだ。各書類は提出前にコピーを取り，さらに出した企業名を忘れずに書いておくことも大切だ。

履歴書記入のPoint

写真	スナップ写真は不可。 スーツ着用で，胸から上の物を使用する。ポイントは「清潔感」。 氏名・大学名を裏書きしておく。
日付	郵送の場合は投函する日，持参する場合は持参日の日付を記入する。
生年月日	西暦は避ける。元号を省略せずに記入する。
氏名	戸籍上の漢字を使う。印鑑押印欄があれば忘れずに押す。
住所	フリガナ欄がカタカナであればカタカナで，平仮名であれば平仮名で記載する。
学歴	最初の行の中央部に「学□□歴」と2文字程度間隔を空けて，中学校卒業から大学（卒業・卒業見込み）まで記入する。 中途退学の場合は，理由を簡潔に記載する。留年は記入する必要はない。 職歴がなければ，最終学歴の一段下の行の右隅に，「以上」と記載する。
職歴	最終学歴の一段下の行の中央部に「職□□歴」と2文字程度間隔を空け記入する。 「株式会社」や「有限会社」など，所属部門を省略しないで記入する。 「同上」や「〃」で省略しない。 最終職歴の一段下の行の右隅に，「以上」と記載する。
資格・免許	4級以下は記載しない。学習中のものも記載して良い。 「普通自動車第一種運転免許」など，省略せずに記載する。
趣味・特技	具体的に（例：読書でもジャンルや好きな作家を）記入する。
志望理由	その企業の強みや良い所を見つけ出したうえで，「自分の得意な事」がどう活かせるかなどを考えぬいたものを記入する。
自己PR	応募企業の事業内容や職種にリンクするような，自分の経験やスキルなどを記入する。
本人希望欄	面接の連絡方法，希望職種・勤務地などを記入する。「特になし」や空白はNG。
家族構成	最初に世帯主を書き，次に配偶者，それから家族を祖父母，兄弟姉妹の順に。続柄は，本人から見た間柄。兄嫁は，義姉と書く。
健康状態	「良好」が一般的。

01 エントリーシートの目的

・応募者を，決められた採用予定者数に絞り込むこと
・面接時の資料にする
の2つ。

■知りたいのは職務遂行能力

　採用担当者が学生を見る場合は，「こいつは与えられた仕事をこなせるかどう
か」という目で見ている。企業に必要とされているのは仕事をする能力なのだ。

Point

質問に忠実に，"自分がいかにその会社の求める人材に当てはまるか"を
丁寧に答えること。

02 効果的なエントリーシートの書き方

■情報を伝える書き方

　課題をよく理解していることを相手に伝えるような気持ちで書く。

■文章力

　大切なのは全体のバランスが取れているか。書く前に，何をどれくらいの字
数で収めるか計算しておく。

　「起承転結」でいえば，「起」は，文章を起こす導入部分。「承」は，起を受け
て，その提起した問題に対して承認を求める部分。「転」は，自説を展開する
部分。もっともオリジナリティが要求される。「結」は，最後の締めの結論部分。
文章の構成・まとめる力で，総合的な能力が高いことをアピールする。

▶エントリーシートでよく取り上げられる題材と, その出題意図

エントリーシートで求められるものは,「自己PR」「志望動機」「将来どうなりたいか(目指すこと)」の3つに大別される。

1.「自己PR」

自己分析にしたがって作成していく。重要なのは,「なぜそうしようと思ったか?」「○○をした結果,何が変わったのか?何を得たのか?」という"連続性"が分かるかどうかがポイント。

2.「志望動機」

自己PRと一貫性を保ち,業界志望理由と企業志望理由を差別化して表現するように心がける。志望する業界の強みと弱み,志望企業の強みと弱みの把握は基本。

3.「将来の展望」

どんな社員を目指すのか,仕事へはどう臨もうと思っているか,目標は何か,などが問われる。仕事内容を事前に把握しておくだけでなく,5年後の自分,10年後の自分など,具体的な将来像を描いておくことが大切。

表現力,理解力のチェックポイント

❏文法,語法が正しいかどうか
❏論旨が論理的で一貫しているかどうか
❏1センテンスが簡潔かどうか
❏表現が統一されているかどうか(「です,ます」調か「だ,である」調か)

01 個人面接

●自由面接法

面接官と受験者のキャラクターやその場の雰囲気，質問と応答の進行具合などによって雑談形式で自由に進められる。

●標準面接法

自由面接法とは逆に，質問内容や評価の基準などがあらかじめ決まっている。実際には自由面接法と併用で，おおまかな質問事項や判定基準，評価ポイントを決めておき，質疑応答の内容上の制限を緩和しておくスタイルが一般的。1次面接などでは標準面接法をとり，2次以降で自由面接法をとる企業も多い。

●非指示面接法

受験者に自由に発言してもらい，面接官は話題を引き出したりするときなど，最小限の質問をするという方法。

●圧迫面接法

わざと受験者の精神状態を緊張させ，受験者がどのような応答をするかを観察し，判定する。受験者は，冷静に対応することが肝心。

02 集団面接

面接の方法は個人面接と大差ないが，面接官がひとつの質問をして，受験者が順にそれに答えるという方法と，面接官が司会役になって，座談会のような形式で進める方法とがある。

座談会のようなスタイルでの面接は，なるべく受験者全員が関心をもっているような話題を取りあげ，意見を述べさせるという方法。この際，司会役以外の面接官は一言も発言せず，判定・評価に専念する。

　グループディスカッション（以下，GD）の時間は30〜60分程度，1グループの人数は5〜10人程度で，司会は面接官が行う場合や，時間を決めて学生が交替で行うことが多い。面接官は内容については特に指示することはなく，受験者がどのようにGDを進めるかを観察する。

　評価のポイントは，全体的には理解力，表現力，指導性，積極性，協調性など，個別的には性格，知識，適性などが観察される。

　GDの特色は，集団の中での個人ということで，受験者の能力がどの程度のものであるか，また，どのようなことに向いているかを判定できること。受験者は，グループの中における自分の位置を面接官に印象づけることが大切だ。

グループディスカッション方式の面接におけるチェックポイント

- ❏ 全体の中で適切な論点を提供できているかどうか。
- ❏ 問題解決に役立つ知識を持っているか，また提供できているかどうか。
- ❏ もつれた議論を解きほぐし，的はずれの議論を元に引き戻す努力をしているかどうか。
- ❏ グループ全体としての目標をいつも考えているかどうか。
- ❏ 感情的な対立や攻撃をしかけているようなことはないか。
- ❏ 他人の意見に耳を傾け，よい意見には賛意を表し，それを全体に推し広げようという寛大さがあるかどうか。
- ❏ 議論の流れを自然にリードするような主導性を持っているかどうか。
- ❏ 提出した意見が議論の進行に大きな影響を与えているかどうか。

04 面接時の注意点

●控え室

　控え室には，指定された時間の15分前には入室しよう。そこで担当の係から，面接に際しての注意点や手順の説明が行われるので，疑問点は積極的に聞くようにし，心おきなく面接にのぞめるようにしておこう。会社によっては，所定のカードに必要事項を書き込ませたり，お互いに自己紹介をさせたりする場合もある。また，この控え室での行動も細かくチェックして，合否の資料にしている会社もある。

●入室・面接開始

係員がドアの開閉をしてくれる場合もあるが，それ以外は軽くノックして入室し，必ずドアを閉める。そして入口近くで軽く一礼し，面接官か補助員の「どうぞ」という指示で正面の席に進み，ここで再び一礼をする。そして，学校名と氏名を名のって静かに着席する。着席時は，軽く椅子にかけるようにする。

●面接終了と退室

面接の終了が告げられたら，椅子から立ち上がって一礼し，椅子をもとに戻して，面接官または係員の指示を受けて退室する。

その際も，ドアの前で面接官のほうを向いて頭を下げ，静かにドアを開閉する。控え室に戻ったら，係員の指示を受けて退社する。

05 面接試験の評定基準

●協調性

企業という「集団」では，他人との協調性が特に重視される。

感情や態度が円満で調和がとれていること，極端に好悪の情が激しくなく，物事の見方や考え方が穏健で中立であることなど，職場での人間関係を円滑に進めていくことのできる人物かどうかが評価される。

●話し方

外観印象的には，言語の明瞭さや応答の態度そのものがチェックされる。小さな声で自信のない発言，乱暴野卑な発言は減点になる。

考えをまとめたら，言葉を選んで話すくらいの余裕をもって，真剣に応答しようとする姿勢が重視される。軽率な応答をしたり，まして発言に矛盾を指摘されるような事態は極力避け，もしそのような状況になりそうなときは，自分の非を認めてはっきりと謝るような態度を示すべき。

●好感度

実社会においては，外観による第一印象が，人間関係や取引に大きく影響を及ぼす。

「フレッシュな爽やかさ」に加え，入社志望など，自分の意思や希望をより明確にすることで，強い信念に裏づけられた姿勢をアピールできるよう努力したい。

●判断力

何を質問されているのか，何を答えようとしているのか，常に冷静に判断していく必要がある。

●表現力

話に筋道が通り理路整然としているか，言いたいことが簡潔に言えるか，話し方に抑揚があり聞く者に感銘を与えるか，用語が適切でボキャブラリーが豊富かどうか。

●積極性

活動意欲があり，研究心旺盛であること，進んで物事に取り組み，創造的に解決しようとする意欲が感じられること，話し方にファイトや情熱が感じられること，など。

●計画性

見通しをもって順序よく合理的に仕事をする性格かどうか，またその能力の有無。企業の将来性のなかに，自分の将来をどうかみ合わせていこうとしているか，現在の自分を出発点として，何を考え，どんな仕事をしたいのか。

●安定性

情緒の安定は，社会生活に欠くことのできない要素。自分自身をよく知っているか，他の人に流されない信念をもっているか。

●誠実性

自分に対して忠実であろうとしているか，物事に対してどれだけ誠実な考え方をしているか。

●社会性

企業は集団活動なので，自分の考えに固執したり，不平不満が多い性格は向かない。柔軟で適応性があるかどうか。

清潔感や明朗さ，若々しさといった外観面も重視される。

06 面接試験の質問内容

1. 志望動機

受験先の概要や事業内容はしっかりと頭の中に入れておく。また，その企業の企業活動の社会的意義と，自分自身の志望動機との関連を明確にしておく。「安定している」「知名度がある」「将来性がある」といった利己的な動機，「自

分の性格に合っている」というような，あいまいな動機では説得力がない。安定性や将来性は，具体的にどのような企業努力によって支えられているのかという考察も必要だし，それに対する受験者自身の評価や共感なども問われる。

①どうしてその業種なのか

②どうしてその企業なのか

③どうしてその職種なのか

以上の①〜③と，自分の性格や資質，専門などとの関連性を説明できるようにしておく。

自分がどうしてその会社を選んだのか，どこに大きな魅力を感じたのかを，できるだけ具体的に，情熱をもって語ることが重要。自分の長所と仕事の適性を結びつけてアピールし，仕事のやりがいや仕事に対する興味を述べるのもよい。

■複数の企業を受験していることは言ってもいい？

同じ職種，同じ業種で何社かかけもちしている場合，正直に答えてもかまわない。しかし，「第一志望はどこですか」というような質問に対して，正直に答えるべきかどうかというと，やはりこれは疑問がある。どんな会社でも，他社を第一志望にあげられれば，やはり愉快には思わない。

また，職種や業種の異なる会社をいくつか受験する場合も同様で，極端に性格の違う会社をあげれば，その矛盾を突かれるのは必至だ。

2. 仕事に対する意識・職業観

採用試験の段階では，次年度の配属予定が具体的に固まっていない会社もかなりある。具体的に職種や部署などを細分化して募集している場合は別だが，そうでない場合は，希望職種をあまり狭く限定しないほうが賢明。どの業界においても，採用後，新入社員には，研修としてその会社の各セクションをひと通り経験させる企業は珍しくない。そのうえで，具体的な配属計画を検討するのだ。

大切なことは，就職や職業というものを，自分自身の生き方の中にどう位置づけるか，また，自分の生活の中で仕事とはどういう役割を果たすのかを考えてみること。つまり自分の能力を活かしたい，社会に貢献したい，自分の存在価値を社会的に実現してみたい，ある分野で何か自分の力を試してみたい……，などの場合を考え，それを自分自身の人生観，志望職種や業種などとの関係を考えて組み立ててみる。自分の人生観をもとに，それを自分の言葉で表現できるようにすることが大切。

3. 自己紹介・自己PR

性格そのものを簡単に変えたり，欠点を克服したりすることは実際には難しいが，"仕方がない"という姿勢を見せることは禁物で，どんなささいなことでも，努力している面をアピールする。また一般的にいって，専門職を除けば，就職時になんらかの資格や技能を要求する企業は少ない。

ただ，資格をもっていれば採用に有利とは限らないが，専門性を要する業種では考慮の対象とされるものもある。たとえば英検，簿記など。

企業が学生に要求しているのは，4年間の勉学を重ねた学生が，どのように仕事に有用であるかということで，学生の知識や学問そのものを聞くのが目的ではない。あくまで，社会人予備軍としての謙虚さと素直さを失わないようにする。

知識や学力よりも，その人の人間性，ビジネスマンとしての可能性を重視するからこそ，面接担当者は，学生生活全般について尋ねることで，書類だけでは分からない人間性を探ろうとする。

何かうち込んだものや思い出に残る経験などは，その人の人間的な成長になんらかの作用を及ぼしているものだ。どんな経験であっても，そこから受けた印象や教訓などは，明確に答えられるようにしておきたい。

4. 一般常識・時事問題

一般常識・時事問題については筆記試験の分野に属するが，面接でこうしたテーマがもち出されることも珍しくない。受験者がどれだけ社会問題に関心をもっているか，一般常識をもっているか，また物事の見方・考え方に偏りがないかなどを判定する。知識や教養だけではなく，一問一答の応答を通じて，その人の性格や適応能力まで判断されることになる。

07 面接に向けての事前準備

■面接試験1カ月前までには万全の準備をととのえる

●志望会社・職種の研究

新聞の経済欄や経済雑誌などのほか，会社年鑑，株式情報など書物による研究をしたり，インターネットにあがっている企業情報や，検索によりさまざまな角度から調べる。すでにその会社へ就職している先輩や知人に会って知識を得たり，大学のキャリアセンターへ情報を求めるなどして総合的に判断する。

■専攻科目の知識・卒論のテーマなどの整理

大学時代にどれだけ勉強してきたか，専攻科目や卒論のテーマなどを整理しておく。

■時事問題に対する準備

毎日欠かさず新聞を読む。志望する企業の話題は，就職ノートに整理するなどもアリ。

面接当日の必需品

- ❑必要書類（履歴書，卒業見込証明書，成績証明書，健康診断書，推薦状）
- ❑学生証
- ❑就職ノート（志望企業ファイル）
- ❑印鑑，朱肉
- ❑筆記用具（万年筆，ボールペン，サインペン，シャープペンなど）
- ❑手帳，ノート
- ❑地図（訪問先までの交通機関などをチェックしておく）
- ❑現金（小銭も用意しておく）
- ❑腕時計（オーソドックスなデザインのもの）
- ❑ハンカチ，ティッシュペーパー
- ❑くし，鏡（女性は化粧品セット）
- ❑シューズクリーナー
- ❑ストッキング
- ❑折りたたみ傘（天気予報をチェックしておく）
- ❑携帯電話，充電器

■一般常識試験

> 社会人として企業活動を行ううえで最低限必要となる一般常識のほか，
> 英語，国語，社会（時事問題），数学などの知識の程度を確認するもの。

　難易度はおおむね中学・高校の教科書レベル。一般常識の問題集を1冊やっておけばよいが，業界によっては専門分野が出題されることもあるため，必ず志望する企業のこれまでの試験内容は調べておく。

■一般常識試験の対策

・英語　慣れておくためにも，教科書を復習する，英字新聞を読むなど。

・国語　漢字，四字熟語，反対語，同音異義語，ことわざをチェック。

・時事問題　新聞や雑誌，テレビ，ネットニュースなどアンテナを張っておく。

■適性検査

　SPI（Synthetic Personality Inventory）試験（SPI3試験）とも呼ばれ，能力テストと性格テストを合わせたもの。

　能力テストでは国語能力を測る「言語問題」と，数学能力を測る「非言語問題」がある。言語的能力，知覚能力，数的能力のほか，思考・推理能力，記憶力，注意力などの問題で構成されている。

　性格テストは「はい」か「いいえ」で答えていく。仕事上の適性と性格の傾向などが一致しているかどうかをみる。

> SPIは職務への適応性を客観的にみるためのもの。

01 「論文」と「作文」

　一般に「論文」はあるテーマについて自分の意見を述べ，その論証をする文章で，必ず意見の主張とその論証という2つの部分で構成される。問題提起と論旨の展開，そして結論を書く。

　「作文」は，一般的には感想文に近いテーマ，たとえば「私の興味」「将来の夢」といったものがある。

　就職試験では「論文」と「作文」を合わせた“論作文”とでもいうようなものが出題されることが多い。

　論作文試験とは，「文章による面接」。テーマに書き手がどういう態度を持っているかを知ることが，出題の主な目的だ。受験者の知識・教養・人生観・社会観・職業観，そして将来への希望などが，どのような思考を経て，どう表現されているかによって，企業にとって，必要な人物かどうかを判断している。

　論作文の場合には，書き手の社会的意識や考え方に加え，「感銘を与える」働きが要求される。就職活動とは，企業に対し「自分をアピールすること」だということを常に念頭に置いておきたい。

Point

論文と作文の違い

	論　文	作　文
テーマ	学術的・社会的・国際的なテーマ。時事，経済問題など	個人的・主観的なテーマ。人生観，職業観など
表現	自分の意見や主張を明確に述べる。	自分の感想を述べる。
展開	四段型（起承転結）の展開が多い。	三段型（はじめに・本文・結び）の展開が多い。
文体	「だ調・である調」のスタイルが多い。	「です調・ます調」のスタイルが多い。

・テーマ

与えられた課題（テーマ）を，受験者はどのように理解しているか。

出題されたテーマの意義をよく考え，それに対する自分の意見や感情が，十分に整理されているかどうか。

・表現力

課題について本人が感じたり，考えたりしたことを，文章で的確に表しているか。

・字・用語・その他

かなづかいや送りがなが合っているか，文中で引用されている格言やことわざの類が使用法を間違えていないか，さらに誤字・脱字に至るまで，文章の基本的な力が受験者の人柄ともからんで厳密に判定される。

・オリジナリティ

魅力がある文章とは，オリジナリティを率直に出すこと。自分の感情や意見を，自分の言葉で表現する。

・生活態度

文章は，書き手の人格や人柄を映し出す。平素の社会的関心や他人との協調性，趣味や読書傾向はどうであるかといった，受験者の日常における生き方，生活態度がみられる。

・字の上手・下手

できるだけ読みやすい字を書く努力をする。また，制限字数より文章が長くなって原稿用紙の上下や左右の空欄に書き足したりすることは避ける。消しゴムで消す場合にも，丁寧に。

いずれの場合でも，表面的な文章力を問うているのではなく，受験者の人柄のほうを重視している。

実践編 マナーチェックリスト

就活において企業の人事担当は，面接試験やOG／OB訪問，そして面接試験において，あなたのマナーや言葉遣いといった，「常識力」をチェックしている。現在の自分はどのくらい「常識力」が身についているかをチェックリストで振りかえり，何ができて，何ができていないかを明確にしたうえで，今後の取り組みに生かしていこう。

評価基準　5：大変良い　4：やや良い　3：どちらともいえない　2：やや悪い　1：悪い

	項　目	評　価	メ　モ
挨拶	明るい笑顔と声で挨拶をしているか		
	相手を見て挨拶をしているか		
	相手より先に挨拶をしているか		
	お辞儀を伴った挨拶をしているか		
	直接の応対者でなくても挨拶をしているか		
表情	笑顔で応対しているか		
	表情に私的感情がでていないか		
	話しかけやすい表情をしているか		
	相手の話は真剣な顔で聞いているか		
身だしなみ	前髪は目にかかっていないか		
	髪型は乱れていないか／長い髪はまとめているか		
	髭の剃り残しはないか／化粧は健康的か		
	服は汚れていないか／清潔に手入れされているか		
	機能的で職業・立場に相応しい服装をしているか		
	華美なアクセサリーはつけていないか		
	爪は伸びていないか		
	靴下の色は適当か／ストッキングの色は自然な肌色か		
	靴の手入れは行き届いているか		
	ポケットに物を詰めすぎていないか		

	項　目	評　価	メ　モ
言葉遣い	専門用語を使わず，相手にわかる言葉で話しているか		
	状況や相手に相応しい敬語を正しく使っているか		
	相手の聞き取りやすい音量・速度で話しているか		
	語尾まで丁寧に話しているか		
	気になる言葉癖はないか		
動作	物の授受は両手で丁寧に実施しているか		
	案内・指し示し動作は適切か		
	キビキビとした動作を心がけているか		
心構え	勤務時間・指定時間の5分前には準備が完了しているか		
	心身ともに健康管理をしているか		
	仕事とプライベートの切替えができているか		

☑ 常に自己点検をするクセをつけよう

「人を表情やしぐさ，身だしなみなどの見かけで判断してはいけない」と一般にいわれている。確かに，人の個性は見かけだけではなく，内面においても見いだされるもの。しかし，私たちは人を第一印象である程度決めてしまう傾向がある。それが面接試験など初対面の場合であればなおさらだ。したがって，チェックリストにあるような挨拶，表情，身だしなみ等に注意して面接試験に臨むことはとても重要だ。ただ，これらは面接試験前にちょっと対策したからといって身につくようなものではない。付け焼き刃的な対策をして面接試験に臨んでも，面接官はあっという間に見抜いてしまう。日頃からチェックリストにあるような項目を意識しながら行動することが大事であり，そうすることで，最初はぎこちない挨拶や表情等も，その人の個性に応じたすばらしい所作へ変わっていくことができるのだ。さっそく，本日から実行してみよう。

面接試験において，印象を決定づける表情はとても大事。
どのようにすれば感じのいい表情ができるのか，ポイントを確認していこう。

明るく,温和で柔らかな表情をつくろう

人間関係の潤滑油

表情に関しては，まずは豊かであるということがベースになってくる。うれしい表情，困った表情，驚いた表情など，さまざまな気持ちを表現できるということが，人間関係を潤いのあるものにしていく。

Point

　表情はコミュニケーションの大前提。相手に「いつでも話しかけてくださいね」という無言の言葉を発しているのが，就活に求められる表情だ。面接官が安心してコミュニケーションをとろうと思ってくれる表情。それが，明るく，温和で柔らかな表情となる。

いますぐデキる

カンタンTraining

Training **01**

喜怒哀楽を表してみよう

- 人との出会いを楽しいと思うことが表情の基本
- 表情を豊かにする大前提は相手の気持ちに寄り添うこと
- 目元・口元だけでなく，眉の動きを意識することが大事

Training **02**

表情筋のストレッチをしよう

- 表情筋は「ウイスキー」の発音によって鍛える
- 意識して毎日，取り組んでみよう
- 笑顔の共有によって相手との距離が縮まっていく

コミュニケーションは挨拶から始まり，その挨拶ひとつで印象は変わるもの。ポイントを確認していこう。

丁寧にしっかりと
はっきり挨拶をしよう

人間関係の第一歩

挨拶は心を開いて，相手に近づくコミュニケーションの第一歩。たかが挨拶，されど挨拶の重要性をわきまえて，きちんとした挨拶をしよう。形，つまり"技"も大事だが，心をこめることが最も重要だ。

Point

　挨拶はコミュニケーションの第一歩。相手が挨拶するのを待っているのは望ましくない。挨拶の際のポイントは丁寧であることと，はっきり声に出すことの2つ。丁寧な挨拶は，相手を大事にして迎えている気持ちの表れとなる。はっきり声に出すことで，これもきちんと相手を迎えていることが伝わる。また，相手もその応答として挨拶してくれることで，会ってすぐに双方向のコミュニケーションが成立する。

いますぐデキる
カンタンTraining

Training **01**

３つのお辞儀をマスターしよう

① 会釈（15度）　② 敬礼（30度）　③ 最敬礼（45度）

・息を吸うことを意識してお辞儀をするとキレイな姿勢に
・目線は真下ではなく，床前方1.5m先ぐらいを見よう
・相手への敬意を忘れずに

Training **02**

対面時は言葉が先，お辞儀が後

・相手に体を向けて先に自ら挨拶をする
・挨拶時，相手とアイコンタクトを
　しっかり取ろう
・挨拶の後に，お辞儀をする。
　これを「語先後礼」という

コミュニケーションは「話す」よりも「聞く」ことといわれる。相手が話しやすい聞き方の，ポイントを確認しよう。

受容の立場で
傾聴しよう

相手の話を受けとめる

話を聞くときは，やや前に傾く姿勢をとる。表情と姿勢が合わさることにより，話し手の心が開き「あれも，これも話そう」という気持ちになっていく。また，「はい」と一度のお辞儀で頷くと相手の話を受け止めているというメッセージにつながる。

Point

　話をすること，話を聞いてもらうことは誰にとってもプレッシャーを伴うもの。そのため，「何でも話して良いんですよ」「何でも話を聞きますよ」「心配しなくて良いんですよ」という気持ちで聞くことが大切になる。その気持ちが聞く姿勢に表れれば，相手は安心して話してくれる。

いますぐデキる

カンタンTraining

Training 01
頷きは一度で

- 相手が話した後に「はい」と一言発する
- 頷きすぎは逆効果

Training 02
目線は自然に

- 鼻の付け根あたりを見ると自然な印象に
- 目を見つめすぎるのはNG

Training 03
話の句読点で視線を移す

- 視線は話している人を見ることが基本
- 複数の人の話を聞くときは句読点を意識し，視線を振り分けることで聞く姿勢を表す

伝わる話し方

自分の意思を相手に明確に伝えるためには，話し方が重要となる。はっきりと的確に話すためのポイントを確認しよう。

明るい発声を
心がけよう

ボリュームを意識して

話すときのポイントとしては，ボリュームを意識することが挙げられる。会議室の一番奥にいる人に声が届くように意識することで，声のボリュームはコントロールされていく。

Point

コミュニケーションとは「伝達」すること。どのようなことも，適当に伝えるのではなく，伝えるべきことがきちんと相手に届くことが大切になる。そのためには，はっきりと，分かりやすく，丁寧に，心を込めて話すこと。言葉だけでなく，表情やジェスチャーを加えることも有効。

いますぐデキる
カンタンTraining

Training **01**
腹式呼吸で発声練習

- ・「あえいうえおあお」と発声する
- ・腹式呼吸は，胸部をなるべく動かさ
  ずに，息を吸うときにお腹や腰が膨
  らむよう意識する呼吸法

Training **02**
早口言葉にチャレンジ

おあやや
母親に
お謝り

- ・「おあやや，母親に，お謝り」と早口で
- ・口がすぼまった「お」と口が開いた
  「あ」の発音に，変化をつけられる
  かがポイント

Training **03**
ジェスチャーを有効活用

- ・腰より上でジェスチャーをする
- ・体から離した位置に手をもっていく
- ・ジェスチャーをしたら戻すところを
  さだめておく

STEP5 身だしなみ

身だしなみはその人自身を表すもの。身だしなみの基本について，ポイントを確認しよう。

清潔感,さわやかさを醸し出せるようにしよう

プロの企業人にふさわしい身だしなみを

信頼感，安心感をもたれる身だしなみを考えよう。TPOに合わせた服装は，すなわち "礼" を表している。そして，身だしなみには，「清潔感」，「品のよさ」，「控え目である」という，3つのポイントがある。

Point

相手との心理的な距離や物理的な距離が遠ければ，コミュニケーションは成立しにくくなる。見た目が不潔では誰も近付いてこない。身だしなみが清潔であること，爽やかであることは相手との距離を縮めることにも繋がる。

いますぐデキる
カンタンTraining

Training 01

髪型，服装を整えよう

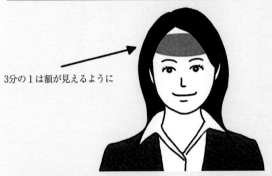

3分の1は額が見えるように

- 男性も女性も眉が見える髪型が望ましい。3分の1は額が見えるように。額は知性と清潔感を伝える場所。男性の髪の長さは耳や襟にかからないように
- スーツで相手の前に立つときは，ボタンはすべて留める。男性の場合は下のボタンは外す

Training 02

おしゃれとの違いを明確に

- 爪はできるだけ切りそろえる
- 爪の中の汚れにも注意
- ジェルネイル，ネイルアートはNG

Training 03

足元にも気を配って

- 女性の場合はパンプス，男性の場合は黒の紐靴が望ましい
- 靴はこまめに汚れを落とし見栄えよく

姿勢にはその人の意欲が反映される。前向き，活動的な姿勢を表すにはどうしたらよいか，ポイントを確認しよう。

前向き,活動的な姿勢を維持しよう

一直線と左右対称

正しい立ち姿として，耳，肩，腰，くるぶしを結んだ線が一直線に並んでいることが最大のポイントになる。そのラインが直線に近づくほど立ち姿がキレイに整っていることになる。また，"左右対称"というのもキレイな姿勢の要素のひとつになる。

─ Point ─

　姿勢は，身体と心の状態を反映するもの。そのため，良い姿勢でいることは，印象が清々しいだけでなく，健康で元気そうに見え，話しかけやすさにも繋がる。歩く姿勢，立つ姿勢，座る姿勢など，どの場面にも心身の健康状態が表れるもの。日頃から心身の健康状態に気を配り，フィジカルとメンタル両面の自己管理を心がけよう。

いますぐデキる
カンタンTraining

Training 01

キレイな歩き方を心がけよう

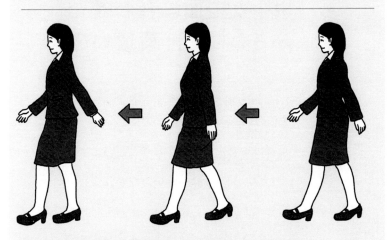

・女性は1本の線上を，男性はそれよりも太い線上を沿うように歩く
・一歩踏み出したときに前の足に体重を乗せるように，腰から動く
・12時の方向につま先をもっていく

Training 02

前向きな気持ちを持とう

・常に前向きな気持ちが姿勢を正す
・ポジティブ思考を心がけよう

就職活動のはじめかた　191

言葉遣いの正しさはとは，場面にあった言葉を遣うということ。相手を気づかいながら，言葉を選ぶことで，より正しい言葉に近づいていく。

相手と場面に合わせた
ふさわしい言葉遣いを

次の文は接客の場面でよくある間違えやすい敬語です。
それぞれの言い方は○×どちらでしょうか。

問1 「資料をご拝読いただきありがとうございます」

問2 「こちらのパンフレットはもういただかれましたか？」

問3 「恐れ入りますが，こちらの用紙にご記入してください」

問4 「申し訳ございませんが，来週，休ませていただきます」

問5 「先ほどの件，帰りましたら上司にご報告いたしますので」

Point

　ビジネスのシーンに敬語は欠くことができない。何度もやり取りをしていく中で，親しさの度合いによっては，あえてくだけた表現を用いることもあるが，「親しき仲にも礼儀あり」と言われるように，敬意や心づかいをおろそかにしてはいけないもの。相手に誤解されたり，相手の気分を壊すことのないように，相手や場面にふさわしい言葉遣いが大切になる。

問1 （×） ○正しい言い換え例

→「ご覧いただきありがとうございます」など

「拝読」は自分が「読む」意味の謙譲語なので，相手の行為に使うのは誤り。読むと見るは同義なため，多く，見るの尊敬語「ご覧になる」が用いられる。

問2 （×） ○正しい言い換え例

→「お持ちですか」「お渡ししましたでしょうか」 など

「いただく」は，食べる・飲む・もらうの謙譲語。「もらったかどうか」と聞きたいのだから，「おもらいになりましたか」と言えないこともないが，持っているかどうか，受け取ったかどうかという意味で「お持ちですか」などが使われることが多い。また，自分側が渡すような場合は，「お渡しする」を使って「お渡ししましたでしょうか」などの言い方に換えることもできる。

問3 （×） ○正しい言い換え例

→「恐れ入りますが，こちらの用紙にご記入ください」など

「ご記入する」の「お（ご）～する」は謙譲語の形。相手の行為を謙譲語で表すことになるため誤り。「して」を取り除いて「ご記入ください」か，和語に言い換えて「お書きください」とする。ほかにも「お書き／ご記入・いただけますでしょうか・願います」などの表現もある。

問4 （△）

有給休暇を取る場合や，弔事等で休むような場面で，用いられることも多い。「休ませていただく」ということで一見丁寧に響くが，「来週休むと自分で休みを決めている」という勝手な表現にも受け取られかねない言葉だ。ここは同じ「させていただく」を用いても，相手の都合をうかがう言い方に換えて「○○がございまして，申し訳ございませんが，休みをいただいてもよろしいでしょうか」などの言い換えが好ましい。

問5 （×） ○正しい言い換え例

→「上司に報告いたします」

「ご報告いたします」は，ソトの人との会話で使うとするならば誤り。「ご報告いたします」の「お・ご～いたす」は，「お・ご～する」と「～いたす」という2つの敬語を含む言葉。そのうちの「お・ご～する」は，主語である自分を低めて相手＝上司を高める働きをもつ表現（謙譲語Ⅰ）。一方「～いたす」は，主語の私を低めて，話の聞き手に対して丁重に述べる働きをもつ表現（謙譲語Ⅱ　丁重語）。「お・ご～する」も「～いたす」も同じ謙譲語であるため紛らわしいが，主語を低める（謙譲）という働きは同じでも，行為の相手を高める働きがあるかないかという点に違いがあるといえる。

敬語は正しく使用することで, 相手の印象を大きく変えることができる。尊敬語, 謙譲語の区別をはっきりつけて, 誤った用法で話すことのないように気をつけよう。

言葉の使い方が
マナーを表す!

■よく使われる尊敬語の形　「言う・話す・説明する」の例

専用の尊敬語型	おっしゃる
～れる・～られる型	言われる・話される・説明される
お（ご）～になる型	お話しになる・ご説明になる
お（ご）～なさる型	お話しなさる・ご説明なさる

■よく使われる謙譲語の形　「言う・話す・説明する」の例

専用の謙譲語型	申す・申し上げる
お（ご）～する型	お話しする・ご説明する
お（ご）～いたす型	お話しいたします・ご説明いたします

Point

　同じ尊敬語・謙譲語でも, よく使われる代表的な形がある。ここではその一例をあげてみた。敬語の使い方に迷ったときなどは, まずはこの形を思い出すことで, 大抵の語はこの型にはめ込むことができる。同じ言葉を用いたほうがよりわかりやすいといえるので, 同義に使われる「言う・話す・説明する」を例に考えてみよう。

　ほかにも「お話しくださる」や「お話しいただく」「お元気でいらっしゃる」などの形もあるが, まずは表の中の形を見直そう。

■よく使う動詞の尊敬語・謙譲語

なお，尊敬語の中の「言われる」などの「れる・られる」を付けた形は省力している。

基本	尊敬語（相手側）	謙譲語（自分側）
会う	お会いになる	お目にかかる・お会いする
言う	おっしゃる	申し上げる・申す
行く・来る	いらっしゃる おいでになる お見えになる お越しになる お出かけになる	伺う・参る お伺いする・参上する
いる	いらっしゃる・おいでになる	おる
思う	お思いになる	存じる
借りる	お借りになる	拝借する・お借りする
聞く	お聞きになる	拝聴する 拝聞する お伺いする・伺う お聞きする
知る	ご存じ（知っているという意で）	存じ上げる・存じる
する	なさる	いたす
食べる・飲む	召し上がる・お召し上がりになる お飲みになる	いただく・頂戴する
見る	ご覧になる	拝見する
読む	お読みになる	拝読する

「お伺いする」「お召し上がりになる」などは，「伺う」「召し上がる」自体が敬語なので
「二重敬語」ですが，慣習として定着しており間違いではないもの。

-Point-

　上記の「敬語表」は，よく使うと思われる動詞をそれぞれ尊敬語・謙譲語
で表したもの。このように大体の言葉は型にあてはめることができる。言
葉の中には「お（ご）」が付かないものもあるが，その場合でも「～なさる」
を使って，「スピーチなさる」や「運営なさる」などと言うことができる。ま
た，表では，「言う」の尊敬語「言われる」の例は省いているが，れる・ら
れる型の「言われる」よりも「おっしゃる」「お話しになる」「お話しなさる」
などの言い方のほうが，より敬意も高く，言葉としても何となく響きが落ち
着くといった印象を受けるものとなる。

会話は相手があってのこと。いかなる場合でも，相手に対する心くばりを忘れないことが，会話をスムーズに進めるためのコツになる。

心くばりを添えるひと言で
言葉の印象が変わる!

　相手に何かを頼んだり，また相手の依頼を断ったり，相手の抗議に対して反論したりする場面では，いきなり自分の意見や用件を切り出すのではなく，場面に合わせて心くばりを伝えるひと言を添えてから本題に移ると，響きがやわらかくなり，こちらの意向も伝えやすくなる。俗にこれは「クッション言葉」と呼ばれている。(右表参照)

Point

　ビジネスの場面で，相手と話したり手紙やメールを送る際には，何か依頼事があってという場合が多いもの。その場合に「ちょっとお願いなんですが…」では，ふだんの会話と変わりがないものになってしまう。そこを「突然のお願いで恐れ入りますが」「急にご無理を申しまして」「こちらの勝手で恐縮に存じますが」「折り入ってお願いしたいことがございまして」などの一言を添えることで，直接的なきつい感じが和らぐだけでなく，「申し訳ないのだけれど，もしもそうしていただくことができればありがたい」という，相手への配慮や願いの気持ちがより強まる。このような前置きの言葉もうまく用いて，言葉に心くばりを添えよう。

相手の意向を尋ねる場合	「よろしければ」「お差し支えなければ」 「ご都合がよろしければ」「もしお時間がありましたら」 「もしお嫌いでなければ」「ご興味がおありでしたら」
相手に面倒を かけてしまうような場合	「お手数をおかけしますが」 「ご面倒をおかけしますが」 「お手を煩わせまして恐縮ですが」 「お忙しい時に申し訳ございませんが」 「お時間を割いていただき申し訳ありませんが」 「貴重なお時間を頂戴し恐縮ですが」
自分の都合を 述べるような場合	「こちらの勝手で恐縮ですが」 「こちらの都合（ばかり）で申し訳ないのですが」 「私どもの都合ばかりを申しまして，まことに申し訳なく存じますが」 「ご無理を申し上げまして恐縮ですが」
急な話をもちかけた場合	「突然のお願いで恐れ入りますが」 「急にご無理を申しまして」 「もっと早くにご相談申し上げるべきところでございましたが」 「差し迫ってのことでまことに申し訳ございませんが」
何度もお願いする場合	「たびたびお手数をおかけしまして恐縮に存じますが」 「重ね重ね恐縮に存じますが」 「何度もお手を煩わせまして申し訳ございませんが」 「ご面倒をおかけしてばかりで，まことに申し訳ございませんが」
難しいお願いをする場合	「ご無理を承知でお願いしたいのですが」 「たいへん申し上げにくいのですが」 「折り入ってお願いしたいことがございまして」
あまり親しくない相手に お願いする場合	「ぶしつけなお願いで恐縮ですが」 「ぶしつけながら」 「まことに厚かましいお願いでございますが」
相手の提案・誘いを断る場合	「申し訳ございませんが」 「（まことに）残念ながら」 「せっかくのご依頼ではございますが」 「たいへん恐縮ですが」 「身に余るお言葉ですが」 「まことに失礼とは存じますが」 「たいへん心苦しいのですが」 「お引き受けしたいのはやまやまですが」
問い合わせの場合	「つかぬことをうかがいますが」 「突然のお尋ねで恐縮ですが」

ここでは文章の書き方における，一般的な敬称について言及している。はがき，手紙，メール等，通信手段はさまざま。それぞれの特性をふまえて有効活用しよう。

相手の気持ちになって
見やすく美しく書こう

■敬称のいろいろ

敬称	使う場面	例
様	職名・役職のない個人	（例）飯田知子様／ご担当者様／経理部長　佐藤一夫様
殿	職名・組織名・役職のある個人（公用文など）	（例）人事部長殿／教育委員会殿／田中四郎殿
先生	職名・役職のない個人	（例）松井裕子先生
御中	企業・団体・官公庁などの組織	（例）○○株式会社御中
各位	複数あてに同一文書を出すとき	（例）お客様各位／会員各位

Point

　封筒・はがきの表書き・裏書きは縦書きが基本だが，洋封筒で親しい人にあてる場合は，横書きでも問題ない。いずれにせよ，定まった位置に，丁寧な文字でバランス良く，正確に記すことが大切。特に相手の住所や名前を乱雑な文字で書くのは，配達の際の間違いを引き起こすだけでなく，受け取る側に不快な思いをさせる。相手の気持ちになって，見やすく美しく書くよう心がけよう。

■各通信手段の長所と短所

	長所	短所	用途
封書	・封を開けなければ本人以外の目に触れることがない。 ・丁寧な印象を受ける。	・多量の資料・画像送付には不向き。 ・相手に届くまで時間がかかる。	・儀礼的な文書(礼状・わび状など) ・目上の人あての文書 ・重要な書類 ・他人に内容を読まれたくない文書
はがき・カード	・封書よりも気軽にやり取りできる。 ・年賀状や季節の便り,旅先からの連絡など絵はがきとしても楽しむことができる。	・封に入っていないため,第三者の目に触れることがある。 ・中身が見えるので,改まった礼状やわび状,こみ入った内容には不向き。 ・相手に届くまで時間がかかる。	・通知状 ・案内状 ・送り状 ・旅先からの便り ・各種のお祝い ・お礼 ・季節の挨拶
FAX	・手書きの図やイラストを文章といっしょに送れる。 ・すぐに届く。 ・控えが手元に残る。	・多量の資料の送付には不向き。 ・事務的な用途で使われることが多く,改まった内容の文書,初対面の人へは不向き。	・地図,イラストの入った文書 ・印刷物(本・雑誌など)
電話	・急ぎの連絡に便利。 ・相手の反応をすぐに確認できる。 ・直接声が聞けるので,安心感がある。	・連絡できる時間帯が制限される。 ・長々としたこみ入った内容は伝えづらい。	・緊急の用件 ・確実に用件を伝えたいとき
メール	・瞬時に届く。 ・控えが残る。 ・コストが安い。 ・大容量の資料や画像をデータで送ることができる。 ・一度に大勢の人に送ることができる。 ・相手の居場所や状況を気にせず送れる。	・事務的な印象を与えるので,改まった礼状やわび状には不向き。 ・パソコンや携帯電話を持っていない人には送れない。 ・ウィルスなどへの対応が必要。	・データで送りたいとき ・ビジネス上の連絡

Point

　はがきは手軽で便利だが,おわびやお願い,格式を重んじる手紙には不向きとなる。この種の手紙は内容もこみ入ったものとなり,加えて丁寧な文章で書かなければならないので,数行で済むことはまず考えられない。また,封筒に入っていないため,他人の目に触れるという難点もある。このように,はがきにも長所と短所があるため,使う場面や相手によって,他の通信手段と使い分けることが必要となる。

　はがき以外にも,封書・電話・FAX・メールなど,現代ではさまざまな通信手段がある。上に示したように,それぞれ長所と短所があるので,特徴を知って用途によって上手に使い分けよう。

社会人のマナーとして，電話応対のスキルは必要不可欠。まずは失礼なく電話に出ることからはじめよう。積極性が重要だ。

相手の顔が見えない分
対応には細心の注意を

■電話をかける場合

①　○○先生に電話をする

×「私，□□社の××と言いますが，○○様はおられますでしょうか？」

○「××と申しますが，○○様はいらっしゃいますか？」

「おられますか」は「おる」を謙譲語として使うため，通常は相手がいるかどうかに関しては，「いらっしゃる」を使うのが一般的。

②　相手の状況を確かめる

×「こんにちは，××です，先日のですね…」

○「××です，先日は有り難うございました，今お時間よろしいでしょうか？」

相手が忙しくないかどうか，状況を聞いてから話を始めるのがマナー。また，やむを得ず夜間や早朝，休日などに電話をかける際は，「夜分（朝早く）に申し訳ございません」「お休みのところ恐れ入ります」などのお詫びの言葉もひと言添えて話す。

③　相手が不在，何時ごろ戻るかを聞く場合

×「戻りは何時ごろですか？」

○「何時ごろお戻りになりますでしょうか？」

「戻り」はそのままの言い方，相手にはきちんと尊敬語を使う。

④　また自分からかけることを伝える

×「そうですか，ではまたかけますので」

○「それではまた後ほど（改めて）お電話させていただきます」

戻る時間がわかる場合は，「またお戻りになりましたころにでも」「また午後にでも」などの表現もできる。

■電話を受ける場合

① 電話を取ったら

× 「はい，もしもし，○○（社名）ですが」
○ **「はい，○○（社名）でございます」**

② 相手の名前を聞いて

× 「どうも，どうも」
○ **「いつもお世話になっております」**

あいさつ言葉として定着している決まり文句ではあるが，日頃のお付き合いがあってこそ。あいさつ言葉もきちんと述べよう。「お世話様」という言葉も時折耳にするが，敬意が軽い言い方となる。適切な言葉を使い分けよう。

③ 相手が名乗らない

× 「どなたですか？」「どちらさまですか？」
○ **「失礼ですが，お名前をうかがってもよろしいでしょうか？」**

名乗るのが基本だが，尋ねる態度も失礼にならないように適切な応対を心がけよう。

④ 電話番号や住所を教えてほしいと言われた場合

× 「はい，いいでしょうか？」　　× 「メモのご用意は？」
○ **「はい，申し上げます，よろしいでしょうか？」**

「メモのご用意は？」は，一見親切なようにも聞こえるが，尋ねる相手も用意していることがほとんど。押し付けがましくならない程度に。

⑤ 上司への取次を頼まれた場合

× 「はい，今代わります」　　× 「○○部長ですね，お待ちください」
○ **「部長の○○でございますね，ただいま代わりますので，少々お待ちくださいませ」**

○○部長という表現は，相手側の言い方となる。自分側を述べる場合は，「部長の○○」「○○」が適切。

Point

自分から電話をかける場合は，まずは自分の会社名や氏名を名乗るのがマナー。たとえ目的の相手が直接出た場合でも，電話では相手の様子が見えないことがほとんど。自分の勝手な判断で話し始めるのではなく，相手の都合を伺い，そのうえで話を始めるのが社会人として必要な気配りとなる。

時候の挨拶

月	漢語調の表現 候，みぎりなどを付けて用いられます	口語調の表現
1月 (睦月)	初春・新春・頌春・小寒・大寒・厳寒	皆様におかれましては，よき初春をお迎えのことと存じます／厳しい寒さが続いております／珍しく暖かな寒の入りとなりました／大寒という言葉通りの厳しい寒さでございます
2月 (如月)	春寒・余寒・残寒・立春・梅花・向春	立春とは名ばかりの寒さ厳しい毎日でございます／梅の花もちらほらとふくらみ始め，春の訪れを感じる今日この頃です／春の訪れが待ち遠しいこのごろでございます
3月 (弥生)	早春・浅春・春寒・春分・春暖	寒さもようやくゆるみ，日ましに春めいてまいりました／ひと雨ごとに春めいてまいりました／日増しに暖かさが加わってまいりました
4月 (卯月)	春暖・陽春・桜花・桜花爛漫	桜花爛漫の季節を迎えました／春光うららかな好季節となりました／花冷えとでも申しましょうか，何だか肌寒い日が続いております
5月 (皐月)	新緑・薫風・惜春・晩春・立夏・若葉	風薫るさわやかな季節を迎えました／木々の緑が目にまぶしいようでございます／目に青葉，山ほととぎす，初鰹の句も思い出される季節となりました
6月 (水無月)	梅雨・向暑・初夏・薄暑・麦秋	初夏の風もさわやかな毎日でございます／梅雨前線が近づいてまいりました／梅雨の晴れ間にのぞく青空は，まさに夏を思わせるようです
7月 (文月)	盛夏・大暑・炎暑・酷暑・猛暑	梅雨が明けたとたん，うだるような暑さが続いております／長い梅雨も明け，いよいよ本格的な夏がやってまいりました／風鈴の音がわずかに涼を運んでくれているようです
8月 (葉月)	残暑・晩夏・処暑・秋暑	立秋とはほんとうに名ばかりの厳しい暑さの毎日です／残暑たえがたい毎日でございます／朝夕はいくらかしのぎやすくなってまいりました
9月 (長月)	初秋・新秋・爽秋・新涼・清涼	九月に入りましてもなお，日差しの強い毎日です／暑さもやっとおとろえはじめたようでございます／残暑も去り，ずいぶんとしのぎやすくなってまいりました
10月 (神無月)	清秋・錦秋・秋涼・秋冷・寒露	秋風もさわやかな過ごしやすい季節となりました／街路樹の葉も日ごとに色を増しております／紅葉の便りの聞かれるころとなりました／秋深く，日増しに冷気も加わってまいりました
11月 (霜月)	晩秋・暮秋・霜降・初霜・向寒	立冬を迎え，まさに冬来到を感じる寒さです／木枯らしの季節になりました／日ごとに冷気が増すようでございます／朝夕はひときわ冷え込むようになりました
12月 (師走)	寒冷・初冬・師走・歳晩	師走を迎え，何かと慌ただしい日々をお過ごしのことと存じます／年の瀬も押しつまり，何かとお忙しくお過ごしのことと存じます／今年も残すところわずかとなりました，お忙しい毎日とお察しいたします

シチュエーション別会話例

シチュエーション1　取引先との会話

「非常に素晴らしいお話で感心しました」→NG！

「感心する」は相手の立派な行為や，優れた技量などに心を動かされるという意味。意味としては間違いではないが，目上の人に用いると，偉そうに聞こえかねない表現。「感動しました」などに言い換えるほうが好ましい。

シチュエーション2　子どもとの会話

「お母さんは，明日はいますか？」→NG！

たとえ子どもとの会話でも，子どもの年齢によっては，ある程度の敬語を使うほうが好ましい。「明日はいらっしゃいますか」では，むずかしすぎると感じるならば，「お出かけですか」などと表現することもできる。

シチュエーション3　同僚との会話

「今，お暇ですか」→NG？

同じ立場同士なので，暇に「お」が付いた形で「お暇」ぐらいでも構わないともいえるが，「暇」というのは，するべきことも何もない時間という意味。そのため「お暇ですか」では，あまりにも直接的になってしまう。その意味では「手が空いている」→「空いていらっしゃる」→「お手透き」などに言い換えることで，やわらかく敬意も含んだ表現になる。

シチュエーション4　上司との会話

「なるほどですね」→NG！

「なるほど」とは，相手の言葉を受けて，自分も同意見であることを表すため，相手の言葉・意見を自分が評価するというニュアンスも含まれている。そのため自分が評価して述べているという偉そうな表現にもなりかねない。同じ同意ならば，頷き「おっしゃる通りです」などの言葉のほうが誤解なく伝わる。

就活スケジュールシート

■年間スケジュールシート

1月	2月	3月	4月	5月	6月
企業関連スケジュール					
自己の行動計画					

就職活動をすすめるうえで，当然重要になってくるのは，自己のスケジュール管理だ。企業の選考スケジュールを把握することも大切だが，自分のペースで進めることになる自己分析や業界・企業研究，面接試験のトレーニング等の計画を立てることも忘れてはいけない。スケジュールシートに「記入」する作業を通して，短期・長期の両方の面から就職試験を考えるきっかけにしよう。

7月	8月	9月	10月	11月	12月
企業関連スケジュール					
自己の行動計画					

●情報提供のお願い●

　就職活動研究会では，就職活動に関する情報を募集しています。

　エントリーシートやグループディスカッション，面接，筆記試験の内容等について情報をお寄せください。ご応募はメールアドレス（edit@kyodo-s.jp）へお願いいたします。お送りくださいました方々には薄謝をさしあげます。

　ご協力よろしくお願いいたします。

会社別就活ハンドブックシリーズ

三菱地所の
就活ハンドブック

編　者　就職活動研究会

発　行　令和 6 年 2 月 25 日

発行者　小貫輝雄

発行所　協同出版株式会社
　　　　〒 101 - 0054
　　　　東京都千代田区神田錦町 2 - 5
　　　　　電話　03 - 3295 - 1341
　　　　　振替　東京 00190 - 4 - 94061

印刷所　協同出版・POD 工場

落丁・乱丁はお取り替えいたします

●2025年度版●
会社別就活ハンドブックシリーズ
【全111点】

運　輸

東日本旅客鉄道の就活ハンドブック	小田急電鉄の就活ハンドブック
東海旅客鉄道の就活ハンドブック	阪急阪神 HD の就活ハンドブック
西日本旅客鉄道の就活ハンドブック	商船三井の就活ハンドブック
東京地下鉄の就活ハンドブック	日本郵船の就活ハンドブック

機　械

三菱重工業の就活ハンドブック	浜松ホトニクスの就活ハンドブック
川崎重工業の就活ハンドブック	村田製作所の就活ハンドブック
IHI の就活ハンドブック	クボタの就活ハンドブック
島津製作所の就活ハンドブック	

金　融

三菱 UFJ 銀行の就活ハンドブック	野村證券の就活ハンドブック
三菱 UFJ 信託銀行の就活ハンドブック	りそなグループの就活ハンドブック
みずほ FG の就活ハンドブック	ふくおか FG の就活ハンドブック
三井住友銀行の就活ハンドブック	日本政策投資銀行の就活ハンドブック
三井住友信託銀行の就活ハンドブック	

建設・不動産

三菱地所の就活ハンドブック	鹿島建設の就活ハンドブック
三井不動産の就活ハンドブック	大成建設の就活ハンドブック
積水ハウスの就活ハンドブック	清水建設の就活ハンドブック
大和ハウス工業の就活ハンドブック	

資源・素材

旭旭化成グループの就活ハンドブック	関西電力の就活ハンドブック
東レの就活ハンドブック	日本製鉄の就活ハンドブック
ワコールの就活ハンドブック	中部電力の就活ハンドブック

九州電力の就活ハンドブック

自動車

トヨタ自動車の就活ハンドブック

本田技研工業の就活ハンドブック

デンソーの就活ハンドブック

日産自動車の就活ハンドブック

商　社

三菱商事の就活ハンドブック

住友商事の就活ハンドブック

丸紅の就活ハンドブック

三井物産の就活ハンドブック

伊藤忠商事の就活ハンドブック

双日の就活ハンドブック

豊田通商の就活ハンドブック

情報通信・IT

NTT データの就活ハンドブック

NTT ドコモの就活ハンドブック

野村総合研究所の就活ハンドブック

日本電信電話の就活ハンドブック

KDDI の就活ハンドブック

ソフトバンクの就活ハンドブック

楽天の就活ハンドブック

mixi の就活ハンドブック

グリーの就活ハンドブック

サイバーエージェントの就活ハンドブック

LINE ヤフーの就活ハンドブック

SCSK の就活ハンドブック

富士ソフトの就活ハンドブック

日本オラクルの就活ハンドブック

GMO インターネットグループ

オービックの就活ハンドブック

DTS の就活ハンドブック

TIS の就活ハンドブック

食品・飲料

サントリー HD の就活ハンドブック

味の素の就活ハンドブック

キリン HD の就活ハンドブック

アサヒグループ HD の就活ハンドブック

日本たばこ産業 の就活ハンドブック

日清食品グループの就活ハンドブック

山崎製パンの就活ハンドブック

キユーピーの就活ハンドブック

生活用品

資生堂の就活ハンドブック

花王の就活ハンドブック

武田薬品工業の就活ハンドブック

電気機器

三菱電機の就活ハンドブック	パナソニックの就活ハンドブック
ダイキン工業の就活ハンドブック	富士通の就活ハンドブック
ソニーの就活ハンドブック	キヤノンの就活ハンドブック
日立製作所の就活ハンドブック	京セラの就活ハンドブック
ＮＥＣの就活ハンドブック	オムロンの就活ハンドブック
富士フイルム HD の就活ハンドブック	キーエンスの就活ハンドブック

保　険

東京海上日動火災保険の就活ハンドブック	三井住友海上火災保険の就活ハンドブック
第一生命ホ−ルディングスの就活ハンドブック	損保ジャパンの就活ハンドブック

メディア

日本印刷の就活ハンドブック	エイベックスの就活ハンドブック
博報堂 DY の就活ハンドブック	東宝の就活ハンドブック
TOPPAN ホールディングスの就活ハンドブック	

流通・小売

ニトリ HD の就活ハンドブック	ZOZO の就活ハンドブック
イオンの就活ハンドブック	

エンタメ・レジャー

オリエンタルランドの就活ハンドブック	任天堂の就活ハンドブック
アシックスの就活ハンドブック	カプコンの就活ハンドブック
バンダイナムコ HD の就活ハンドブック	セガサミー HD の就活ハンドブック
コナミグループの就活ハンドブック	タカラトミーの就活ハンドブック
スクウェア・エニックス HD の就活ハンドブック	

▼会社別就活ハンドブックシリーズにつきましては，協同出版
のホームページからもご注文ができます。詳細は下記のサイ
トでご確認下さい。

https://kyodo-s.jp/examination_company